덜미, 완전범죄는 없다 4

덜미,

완전범죄는 없다 4

프로파일러의 세계

—— **한국일보 경찰팀** 지음

북콤마

차례

저자의 말 | 9

1 인천 초등학생 살인 사건   15

신뢰 주며 기다리다 툭 던진 한마디,
김양의 '살인의 침묵' 깨다

이춘재 · 고유정 사건, 진실 드러낼 때까지 기다렸다, 끈질기게

2 부천 링거 살인 사건   31

'동반 자살' 정황은 상세한데 동기는 단 한 줄,
진술 분량이 살의를 밝혔다

3 전남 여고생 살인 사건   45

유일한 용의자가 자살하자,
심리 부검 통해 살해 경위를 밝혔다

수사관 출신 프로파일러, "과학수사는 선택 아닌 필수"

4 전주 고준희 양 실종 사건   61

"펜션 온 가족, 여자아이 없었어요",
준희 한 풀어준 단서 '법최면 수사'에서 나왔다

프로파일러의 연장통 속 수많은 도구, 법최면도 그중 하나죠

5   아산 갱티고개 노래방 여주인 살인 사건   78

"차 뒷좌석에 담뱃재… 공범이 있다"
풀리기 시작한 퍼즐

스릴러 영화에 매료됐던 중학생, 최연소 프로파일러 되다

6   의정부 여자친구 연쇄살인 사건   93

밥 먹듯 거짓말하는 연쇄살인범,
거짓말 기법으로 자백 끌어내다

7   울산 자살방조 강간 추행 사건   106

"같이 죽으려 했다" 진술에 숨겨진 진실 밝혀낸
'자살 심리 부검'

넓은 시각에서 피의자의 주변부까지 바라볼 때 결정적 증거가 보입니다

8   안인득 방화 살인 사건   119

자신이 피해자라고 되뇌던 안인득,
다섯 번 면담 끝에 속을 드러냈다

임상심리사 출신 프로파일러, "사건보다는 사람에게 더 집중하고 싶다"

9   현직 프로파일러들이 말하는 오해와 진실   133

"우린 초능력자 아니에요,
과학 · 직관으로 파헤치는 협업 수사 지원군"

10   오사카 니코틴 살인 사건   143

가족과 지인 통한 '심리 부검' 해보니,
단꿈 꾸던 신부가 신혼여행 가서 자살? 아니다!

11 부산 아파트 단지 연쇄절도 사건   154

"설마 내가 훔쳤겠나" 버티던 절도범,
"수사관이 날 이해해줘" 범행 자백

'명탐정 코난' 꿈꾸던 소녀, "프로파일러는 통역기"

12 송파 데이트 폭력 사건   166

성적 학대에도 '위험한 연애' 지속?
두려움의 시각으로 보자 퍼즐이 풀렸다

"물증 없는 데이트 폭력, 프로파일링이 범죄 찾아내죠"

13 정남규 연쇄살인 사건   178

13명 목숨 앗아간 살인마,
프로파일러가 불쑥 던진 한마디에 입을 열다

"특수부대 키우듯 프로파일러를 양성해야 치안 서비스 높아져"

14 인천 모자 살인 사건   194

남편이 두 사람을 살해하는 과정에
아내가 개입한 정황, 거듭된 반전

15 '어금니 아빠' 추행·살인 사건   210

여중생 딸의 친구를 살해한 사건부터
아내 자살방조 사건까지

16 보성 어부 살인 사건   227

20대 여행객 4명, 평범한 70대 시골 노인의
넉넉한 인심을 믿고 배를 탔다

17　창원 골프연습장 살인 사건　　　　　　　　　　　　240

　　9일간의 도주극 이면엔…,
　　6년 전 금은방을 털던 단순 강도에서 살인강도로

18　울산 봉대산 불다람쥐 연쇄방화 사건　　　　　　　255

　　17년간 100차례 가까이 산불,
　　현상금 3억 원 걸린 방화범의 정체

19　대구 중년 부부 살인 사건　　　　　　　　　　　　268

　　배관공으로 위장해 전 여자친구의 집을 찾아간
　　20대 대학생, 재판부는 사형 선고

프로파일러 세계를 통해 들여다본
수사의 이면

'프로파일러'에 대한 대중의 관심이 상당하다. 영화나 드라마에서 작은 단서를 토대로 용의자의 특징을 술술 짚거나, 꿈쩍도 하지 않던 범인의 감정선을 건드려 자백을 이끌어내는 활약상에 시청자들은 짜릿한 카타르시스를 느낀다.

물론 TV에 나타나는 모습과 실제 현실 사이 간극은 크다. 드라마에선 프로파일러가 신통한 능력을 발휘해 대번에 범죄의 실마리를 잡아내는 '끝판 대장'처럼 묘사되지만, 상당수 프로파일러들은 대중매체에서 자신들이 무에서 유를 만들어내는 초능력자처럼 묘사되는 데 적잖은 부담을 느낀다. 영화 속 장면처럼 프로파일러가 총을 들고 직접 사건 속으로 뛰어드는 일도 없다.

상식적으로 이해가 되지 않거나 물증이 없어 기존 수사 기법으로 한계가 있는 범죄 사건에 범죄심리분석관으로 불리는 프로파일러가 투입된다. 경찰 수사관이 현장에서 물리적 증거를 찾는다면, 프로파일러는 눈에 보이지 않는 범죄자의 심리나 행동 패턴을 분석해 범행 이유를 찾는다.

바로 범죄자가 자신의 속내를 털어낼 수 있게 정서적 친밀감과 신뢰를 쌓는 데 상당한 공을 들이는데, 수사 용어로 '라포 rapport'(친밀감 및 신뢰 관계)를 형성하는 일이다. 취재 중 만난 프로파일러들이 "우리는 점성술사도, 해결사도 아니고, 수사 지원을 하는 사람들"이라고 스스로를 낮추지만, 그럼에도 그들은 수사의 맥을 잡는 데 도움을 주는 나침반 역할을 톡톡히 한다.

국내에 프로파일링 기법이 도입된 때는 2000년대 초반이다. 최근 여러 형태의 '묻지마 살인' 범죄가 잇따르면서 프로파일러들의 역할과 중요성은 점점 더 커지고 있다. 현재 전국엔 총 37명의 프로파일러들이 활동하고 있다. 경찰 전체 인원(11만 명 안팎) 가운데 프로파일러가 차지하는 비율은 0.03퍼센트 정도로 미미하지만 이들의 활약상은 두드러진다. 최악의 장기 미제 사건으로 남았던 화성 연쇄살인 사건의 진범인 이춘재로부터 범행 전체에 대한 자백을 이끌어낼 수 있었던 것도 프로파일러들의 숨은 공이 있었기에 가능했다.

한국일보 경찰팀은 여러 해 동안 다양한 범죄 시리즈를 연재해왔다. 지금까지 나간 연재물을 묶은 책이 바로 〈덜미, 완전범죄는 없다〉 시리즈다. 1과 2권은 강력범죄 사건들을 다뤘고, 3권에선 연간 30만 건에 육박하는 지능범죄를 파헤쳤다. 이번에 출간한 4권은 지능범죄 연재의 후속으로 2020년 7월부터 2021년 2월까지 연재한 '과학수사의 첨병, 프로파일러 세계' 코너의 기사들을 묶은 것이다.

프로파일러에 대한 대중의 관심은 크지만, 정작 시중에서 생생한 프로파일링 세계를 다룬 정보를 찾기란 쉽지 않다. 국내에 경찰 프로파일러가 많지도 않은 데다 사건이 벌어졌을 때 이들이 대중 앞에 직접 나서는 경우도 거의 없기 때문이다. 그렇다 보니 실제 경찰 담당 기자들도 프로파일러를 직접 만나 취재하기가 쉽지 않다. 한국일보가 범인을 잡기 위해 고군분투하는 형사들 못지않게 현장 뒤에서 범인의 본심을 간파하기 위해 치열한 두뇌 싸움을 벌이는 프로파일러들을 후속으로 연재하기로 한 까닭이다.

이후 한국일보 경찰팀 기자들의 그야말로 발로 뛰는 취재가 시작됐다. 사회적으로 논란이 돼 이미 잘 알려진 사건이지만, 전국을 돌며 해당 사건의 프로파일러를 직접 만나 그간 드러나지 않았던 수사의 이면을 되짚었다. 기사화하는 과정에서 프로파일링 기법이 노출되면 안 된다는 판단에 따라 가급적 수사 기법은 세세히 다루지 않았다.

프로파일러는 경찰에서 과학수사의 한 축을 맡고 있다. 책에 소개된 프로파일러들의 활약상을 보다 보면 우리나라의 과학수사 역시 날로 발전하고 있다는 걸 느끼게 될 것이다. 아직 풀리지 않은 사건들이 여전히 많지만, 시간문제일 뿐 결국 범인은 잡힐 것이라는 경찰의 공언이 단순 선언으로 들리지 않는 이유다. 이 책이 프로파일러를 다루기는 했지만, 〈덜미, 완전범죄는 없다〉 시리즈 전체를 관통하는 메시지는 분명하다. 바로 '완전범죄는 없다'는 것이다.

연재할 당시 경찰팀장이라 글쓴이로 가장 먼저 이름을 올리긴 했지만, 이 책이 나올 수 있었던 건 팩트를 모으기 위해 밤낮으로 사건 현장을 뛰어준 한국일보 경찰팀 기자들 덕분이다. 아울러 취재는 기자들이 했지만, 기획 취지에 공감하고 취재 지원을 위해 애를 써준 경찰청 공보팀과 과학수사팀에도 감사한 마음을 전한다.

책으로 묶는 과정에서 기존 연재에 들어가지 않았던 6개 사건을 새로 추가했다. 사건의 전모를 드러내기 위해 직접 관련 자료를 수집해 사건을 취재하고 판결문을 두루 살피는 등 전력을 기울였다. 여기서 다룬 사건은 한국 사회가 그 트라우마를 헤쳐 나가고 극복하는 데 상당한 시간이 걸렸을 정도로 파급력이 큰 것들이다. 안타깝게도 프로파일러들의 육성을 부분적으로밖에 담아내지 못했지만 음으로 양으로 사건 해결에 기여한 그들의 용의자 추정 및 분석 과정을 담으려 했다. 이 책에 소개된 총 18편 사건을 통해 프로파일러 세계의 진짜 얼굴에 조금이라도 가 닿기 바란다.

2021년 7월

김동욱이 저자들을 대표해 쓰다

1

인천 초등학생 살인 사건

신뢰 주며 기다리다 툭 던진 한마디,
김양의 '살인의 침묵' 깨다

"이경위님, 와보셔야겠는데요."

2017년 3월 29일 저녁 인천경찰청 소속 이진숙 프로파일러(경위)에게 전화 한 통이 걸려 왔다. 인천 연수구에 있는 한 아파트의 옥상에서 초등학생의 시신이 훼손된 채 발견됐다는 내용이었다. 사건을 설명한 수사팀은 당일 체포된 용의자가 횡설수설할 뿐 좀처럼 입을 열지 않으니 면담을 해달라고 이경위에게 요청했다.

용의자는 피해자와 같은 아파트에 사는 고등학교 자퇴생 김모(당시 17세) 양이었다. 수사팀이 이경위에게 건넨 사건 기록에 따르면, 3월 29일 낮 12시 45분쯤 김양이 실종 신고된 A양(8세)

을 데리고 자기 집으로 들어가는 모습이 CCTV를 통해 확인됐다. 김양은 3시간여 만인 오후 4시 9분 아파트에서 홀로 빠져나왔다. 경찰은 이 시간 동안 김양이 A양을 살해한 뒤 시신을 흉기로 훼손해 아파트 옥상과 쓰레기장에 유기하고, 시신 일부는 비닐봉투에 담아 당일 오후에 만난 박 모(당시 19세) 양에게 건넨 것으로 추정했다.

김양을 처음 만나본 이경위는 사건이 예상보다 단순하지 않음을 직감했다. 김양은 온라인 커뮤니티를 통해 만났다는 박양이 자신에게 부여한 캐릭터들을 흉내 내며 진술을 피했다. 범행 동기를 묻는 질문에 "그 일을 한 건 내가 아니다"고 하면서도, 몇 초 뒤 표정을 바꾼 모습으로 "나를 불렀느냐"고 되물으며 다른 인물인 것처럼 행동했다. 김양은 자신의 두 캐릭터를 'A'와 'J'라고 소개했다.

진실을 꺼내려면 어떤 피의자와의 관계보다 깊은 수준의 '라포rapport'(친밀감이나 신뢰 관계) 형성이 필요해 보였다. 우선 이경위는 김양의 이상 행동을 만류하지 않고 지켜보기로 했다.

면담하는 날 아침 일찍 김양을 찾아가 종일 대화와 식사를 하며 저녁까지 함께 시간을 보냈다. 사라진 시신 일부를 자신의 방 책꽂이에 숨겼다는 진술이 거짓말임을 확인한 후에도 두터운 믿음을 쌓기 위해 김양을 다그치지 않았다. 이후 김양은 해부학을 공부했다든가 그림 그리기를 좋아한다는 등 관심사를 하나둘씩 털어놓기 시작했다.

그렇게 세 번째 면담을 이어나갈 때다. 김양의 특성을 파악한 이경위는 이전에는 하지 않던 질문을 하나 던졌다.

"네가 아는 게 정말 많은 건 알겠는데 피해자를 생각해보면 공부하는 방식이 참 잘못됐던 것 같아. 그렇지?"

김양은 그제야 현실을 직시한 듯 구역질을 했다. 사건 당시가 기억나지 않는다는 그간의 진술과 달리, 피해자의 모습과 범행 당시의 피비린내를 기억하는 듯한 행동이었다. 이경위는 "그 한마디에 자신 스스로를 위해 어떤 선택이 옳은지를 깨닫고 마음을 조금씩 열었던 것 같다"고 돌이켰다.

이후 추가 면담을 진행하는 동안 김양이 사건 당시는 물론 전후 과정을 어느 정도 기억하고 있다는 단서들이 모였다. 자기 안의 'J'가 우발적으로 저지른 일이라는 주장에는 큰 변함이 없었지만, 피해자 A양이 두려워하는 모습을 떠올리며 괴로워하거나, 박양에게 시신 일부를 갖다주기 위해 어떻게 행동해야 하는지를 명확히 알고 있었다고 진술했다. 이경위는 김양의 진술과 태도 변화에 대해 세밀히 보고서를 적어 내려갔다.

또 하나의 난관은 피해자의 시신 일부를 넘겨받은 박양의 정체였다. 이경위는 박양과도 얼굴을 마주했다. 박양은 첫 만남에서 "봉투를 건네받은 것은 맞지만 시신인 줄 몰랐다"며 "모형 선물인 줄 알고 집 근처 쓰레기통에 버렸다"고 했다. 하지만 이경위가 보기에는 심상찮은 구석이 적잖았다.

범행하러 집을 나서면서 김양이 "초등학교 운동장이 보인다"고 하자 박양은 "저 중에 한 명이 죽게 되겠네. 불쌍해라, 까악"이라고 답장했다. 또 둘은 이후 '사냥을 나간다'(김), '잡아 왔어'(김), '살아 있어?'(박), '손가락 예뻐?'(박) 등의 문자메시지를 주고받았다. 김양이 시신을 훼손한 후 불안 상태에 빠졌을 때에도 "눈앞에 사람이 죽어 있다"(김), "침착해라"(박), "J를 불러와라"(박) 같은 내용의 통화를 했던 터였다.

김양에게 그랬던 것처럼, 박양에게도 시간을 주기로 했다. 이 경위는 어린 시절의 상처를 털어놓는 박양을 위로하고, 재수생으로서 갖는 학업 스트레스 같은 고민에 공감했다.

그러는 사이 박양은 사건 당일에 대해 하나둘 단서를 털어놨다. 오후 늦게 서울 마포구 일대에서 김양을 만나 봉투를 건네받고 화장실에 가 확인한 후 "실제여서 떨렸다"는 본인의 감정, 시신 일부를 확인하고도 김양을 태연히 대했던 이유에 대해 "(김양을) 안심시키려 했기 때문"이라는 이야기 등이 나왔다. 시신 일부를 받은 다음 날인 3월 30일 오전에는 그것을 분해한 뒤 음식물 쓰레기와 섞어 1층 음식물 쓰레기통에 버렸다는 진술도 나왔다.

김양은 2017년 2월쯤 '베네치아 점령기'라는 온라인 캐릭터 커뮤니티를 통해 박양과 알게 됐다고 했다. 개념부터 낯선 이야기였다. 이경위는 곧장 해당 커뮤니티를 둘러봤다. '도축'이나

캐릭터 커뮤니티 '베네치아 점령기'의 참가자 모집을 위해 만든 홍보용 홈페이지.
김양과 박양이 이를 통해 만났다. 사진 온라인 커뮤니티 캡처

'마피아' 같은 주제를 갖고 대화를 주고받으며 가상의 세계에서
역할극을 즐기는 무대와 비슷했다. 이런 역할극에 참여하는 이
들은 '자기 제작 캐릭터', 이른바 '자캐'를 만들어 활동한다.

참여자들은 스스로 자기 캐릭터를 만들어 가상의 싸움을 벌이
거나 명령을 수행하는 등 사건을 창작한다. 김양과 박양은 각각
마피아 부두목, 조직원 등의 역할을 맡아 살인과 시신 훼손 등의
이야기를 만들어가며 친분을 쌓았다고 했다. 이 과정에서 김양
은 박양에게 다중 인격 증세가 있다고 호소했고, 박양은 김양에
게 잔인한 인격을 가진 'J'와 쾌활한 성격의 'A'라는 캐릭터를 만
들어줬단다.

이들은 캐릭터 커뮤니티에서 소설을 쓰듯 창작한 살인극을 실
제 세계로 옮겨 왔다. 김양은 3월 29일 오전 11시 50분쯤 신원이
드러나지 않도록 어머니의 옷과 선글라스를 착용하고 자신이 살

던 아파트를 나섰다. 손에는 여행용 가방도 들었다. 다른 지역에 사는 사람처럼 보이기 위해서였다. 김양은 이런 변장한 모습을 혼자 찍은 '셀카' 사진을 문자메시지로 박양에게 보냈다.

아파트 인근의 공원을 배회하며 범행 대상을 찾던 중 친구와 함께 있던 A양이 눈에 띄었다. "엄마에게 전화를 걸어야 하는데 휴대폰 좀 빌려줄 수 있어요?"라며 아이가 먼저 부탁했다. 김양은 휴대폰 배터리가 떨어졌으니 집 전화를 쓰게 해주겠다며 거짓말로 유인했다. 이후 김양의 집에 따라 들어간 A양은 싸늘한 시신으로 발견됐다. 김양은 당일 경찰에 체포됐고, 며칠 뒤 박양도 공범으로 붙잡혔다.

이경위가 작성한 보고서는 경찰 수사팀뿐 아니라 검찰에도 제출됐다. 이경위는 해당 보고서에서 평범치 않은 사연을 가진 두 피의자들의 진술을 하나둘 이어 붙여 범행의 전말을 밝혔다.

검찰은 김양을 살인 및 사체훼손·유기 혐의로 재판에 넘겼다. 박양은 당초 살인방조 및 시신 유기 혐의로 기소했으나 나중에 살인 등으로 죄명을 바꿨다. 수사 초기에 박양을 비호하던 김양이 끝에 가서 '사람을 죽이라'는 지시를 박양이 했다고 밝힌 뒤였다.

박양의 살인 공모 여부를 두고 긴 법정 다툼이 이어졌지만, 법원에서도 수사팀이 구성한 당시 정황은 대부분 인정됐다. 인천지방법원은 수사 과정에서 대질조사를 거부한 박양에게 "박양과

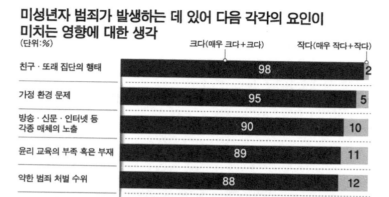

미성년자 범죄가 발생하는 데 있어 다음 각각의 요인이 미치는 영향에 대한 생각

(단위:%)

크다(매우 크다+크다)　　　작다(매우 작다+작다)

요인	크다	작다
친구·또래 집단의 행태	98	2
가정 환경 문제	95	5
방송·신문·인터넷 등 각종 매체의 노출	90	10
윤리 교육의 부족 혹은 부재	89	11
약한 범죄 처벌 수위	88	12
보호처분 시 전과 기록 남지 않음	87	13

한국리서치가 2019년 4월 8일부터 12일까지 전국 성인 남녀 1000명을 대상으로 실시한 미성년자 범죄에 대한 인식 조사

김양 사이의 범행 공모 사실과 박양의 범행에 대한 본질적 기여를 인정할 수 있다"며 무기징역을 선고했다. 김양은 범행할 당시 18세 미만이었다는 이유로 소년법과 특정강력범죄법상 최대 형량이 적용돼 무기징역을 피해 징역 20년을 선고받았다. 재판부는 심신미약 상태였다는 김양의 주장과 "살인 범행이 가상 상황인 줄 알았다"는 박양의 주장 모두 받아들이지 않았다. 또 김양 측은 자폐성 정신 질환의 하나인 아스퍼거 증후군을 앓는 등 우발적으로 범행을 저질렀다고 주장했지만, 재판부는 계획적 범행이라고 판단했다.

항소심 재판부는 "공모는 없었고 박양이 살인을 방조했다"며 1심과 엇갈린 판단을 내렸다. 즉 박양을 살인방조범에 불과하다고 보면서 범행 공모는 인정하지 않고, 김양의 단독 범행으로 결론지었다. 그러면서 김양의 형량은 유지하는 대신 박양에 대해 1심에서 내린 무기징역을 징역 13년으로 감형했다. 둘이 온라인상에서 나눈 대화 내용을 보면 현실에 관한 대화와 가상 세계에 관한 대화가 명확히 구분되지 않은 채 혼재돼 있어서, 이런 증거만으로 박양의 구체적 공모 사실을 인정할 수는 없다고 판단했다. 이로써 김양이 범행 중에 한 이야기를 가상적인 것으로 받아들였을 뿐 실제 살인 상황이라고 인식하지 못했다는 박양의 주장을 받아들였다. 또 실제 김양이 당시 박양에게 자신이 서른 살이라고 인식하게 만들었고 대부분 반말을 하는 등 박양에게 지시를 받을 관계가 아니었다고 지적했다.

다만 항소심 재판부는 "박양은 김양이 당일 가상 또는 허구적 상황을 넘어 실제 살인 행위로 나아간다는 점을 미필적으로나마 인식하면서 그 범행 결의를 강화하거나 유지하도록 했다"고 밝히며 살인방조에 해당한다고 판단했다. 경찰 조사에서 박양이 "김양이 한 이야기를 그저 판타지라고만 생각했다고 말할 자신이 없습니다"라고 진술한 데서 드러나듯, 대질조사 거부 행위는 박양이 김양의 살인 범행을 범행 당일에는 이미 알고 있었다는 점을 보여주는 강력한 정황이라고 파악한 것이다.

대법원은 2018년 9월 김양과 박양에게 각각 징역 20년, 13년을 선고한 원심을 확정했다. 대법원은 당시 "박양의 살인 공모 혐의는 인정되지 않는다"면서도 "김양이 사건 당일 촬영한 변장 사진을 보낸 시점 이후부터는 김양이 서로의 대화에 머물렀던 허구적 상황을 넘어서서 실제로 살인 범행을 저지른다는 점을 박양이 미필적으로나마 인식했다고 봐야 한다"며 살인방조죄를 인정했다.

2017년 2월 '인터넷 캐릭터 커뮤니티'를 통해 김양과 박양이 서로 알게 된다.

3월 28일 저녁부터 두 사람이 2시간에 걸쳐 살인과 시신 훼손에 대
3월 29일 새벽까지 해 통화한다. 통화한 직후 김양은 인터넷에서 '완전범죄', '뼛가루', '시신 없는 살인' 등의 단어로 검색한다.

3월 29일 김양이 박양과의 전화 통화에서 "우리 집에서 초등학
오전 11시 교 운동장이 내려다 보인다"고 하자, 박양이 "저 중에 한 명이 죽겠네. 불쌍해라, 꺄악"이라고 답한다. 김양은 CCTV에 포착될 것에 대비해 어머니의 옷을 입고 선글라스를 끼는 등 준비를 한다.

오전 11시 50분 김양이 '사냥 나간다'는 메시지를 박양에게 보내고 집을 나선다.

낮 12시 44분 김양이 인근 공원 놀이터에서 "휴대폰을 빌려달라"는 피해자 A양을 만나 집으로 유인한다. 이때 김양은 아파트 엘리베이터를 타고 자신의 집보다 2개 층 아래

서 내려 다시 계단으로 이동한다.

낮 12시 49분 김양이 피해자를 기절시킨 뒤 오후 1시쯤엔 박양과
메신저 메시지를 주고받는다. 이후 피해자를 살해하
고 화장실에서 시신을 훼손한다.

오후 1시 45분 김양이 시신을 쓰레기 종량제 봉투에 담은 뒤 비상
계단을 통해 옥상으로 올라가서 물탱크 위에 유기한
다. 일부는 나중에 쓰레기 수거함 등에 유기한다.

오후 2시49분 김양이 박양에게 전화를 걸어 시신을 정리했다고 알
리고 만날 약속을 잡는다.

오후 4시 24분 피해자의 부모가 학교 간 딸아이가 귀가하지 않자
경찰에 실종 신고를 한다. 이후 경찰은 놀이터 인
근에 설치된 CCTV에서 김양의 인상착의와 신원을
특정하고, 김양이 사는 것으로 추정되는 아파트 내
30여 가구를 탐문 수사한다.

오후 5시 44분 김양이 서울 마포구에서 박양을 만나 피해자의 시
신 일부가 담긴 봉투를 건넨다. 오후 6시쯤부터 두
사람은 가까운 술집에서 칵테일을 마신다. 저녁 7시

15분 룸카페로 자리를 옮겼다가 저녁 8시 31분 김
양이 어머니의 전화를 받은 후 헤어진다.

밤 10시 30분 경찰이 김양이 사는 아파트의 옥상 물탱크에서 훼손
된 시신을 발견한다.

**3월 30일
오전 12시 40분** 김양이 경찰에 체포된다.

4월 10일 박양은 4월 4일부터 참고인 조사를 받다가 이때 사체
유기 혐의로 경찰에 긴급 체포된다.

9월 22일 인천지방법원이 살인 및 사체유기죄로 박양에게 무
기징역을, 김양에게는 징역 20년을 선고한다.

2018년 4월 30일 서울고등법원은 원심을 파기하고 박양에겐 살인
방조죄 등으로 징역 13년을, 김양에겐 살인죄 등
으로 징역 20년을 선고한다.

9월 13일 대법원은 박양에게 징역 13년을, 김양에게 징역 20년
을 선고한 원심을 확정한다.

인천 초등생 살인사건 주범 김모양, 공범 박모양의 당일 행적

A 김양의 집

사냥...

29일 오전 11시 50분
김양, 박양에게 '사냥 나간다'는 메시지를
보내고 공원으로 나감.

B 공원 놀이터

낮 12시 44분
김양, 휴대폰을 빌려달라는 피해 아동에게
"배터리가 없다"며 집으로 유인

C 김양의 집　　**오후 1시**
　　　　　　　　김양, 피해 아동을 살해

D 아파트 옥상

1시 45분
김양, 피해 아동 시신을
훼손해 일부 장기를
챙기고 나머지를 옥상
물 탱크 위와 음식물
쓰레기통에 유기

E 홍익대 앞

5시 44분
지하철을 타고 홍대입구에서 박양을 만나
시신 일부를 담은 종이 봉투를 건넴.

6시~8시 30분
김양, 박양과 인근 술집, 룸카페에서 술을
마시며 시신 확인

F 박양의 집 근처

10시쯤
박양, 김양에게서 건네 받은
시신 일부를 집 근처 쓰레기통에 유기

G 김양의 집　　**30일 새벽 0시 40분**
　　　　　　　　경찰, 김양 긴급 체포

이춘재 · 고유정 사건,
진실 드러낼 때까지 기다렸다,
끈질기게

인천 연수구 초등학생 살인 사건에서 프로파일러로 투입된 이진숙 인천경찰청 경위는 15년 경력의 베테랑이다. 경찰 범죄심리분석관 특채 1기로 선발됐고, 최근엔 이춘재 연쇄살인 사건과 고유정 전 남편 살인 사건 같은 전국 단위의 굵직한 사건에 투입돼 사건 해결의 실마리를 찾아왔다.

인천경찰청에서 만난 이경위는 "피의자가 이야기를 꺼내기까지 기다려주는 것이 프로파일러의 제1 덕목"이라고 말했다. 수사 기간이 제한돼 있어 시간에 쫓기지만 그럴수록 피의자에게 차분히 내면을 드러낼 기회를 줘야 한다는 뜻이다.

프로파일러는 피의자가 진실을 꺼내는 순간까지 신뢰를 형성할 다양한 방법을 고민한다. 이경위는 "범인이 가족들에게 수면제를 탄 음료를 먹게 한 뒤 살해한 2013년 인천 모자 살인 사건을 담당할 때는 직접 범행 현장에 가 사건 당시를 구성하며 피의자 옆에서 잠을 자보기까지 했다"고 돌이켰다. 식사를 못 하는 피의자에게 좋아하는 음식을 사다 준다든가, 연락이 끊긴 가족 대신 속옷을 챙겨주면서 신뢰를 형성한다. 그 신뢰 관계에 토대해 피의자의 내면을 파고드는 것이 프로파일러의 몫이다.

그러나 모든 사건이 프로파일링의 대상이 되지는 않는다. 프로파일러는 미제 사건이나 연쇄 범죄, 동기가 쉽게 밝혀지지 않는 사건 등을 주로 다룬다. 사건을 맡으면 가장 먼저 현장을 찾기도 하고, 수사팀이 준 조사 내용에 토대해 범인의 행동을 재구성한다. 피의자와 면담할 때는 기본적인 신원, 성장 과정, 관심사, 사건 당시 상황에 이르기까지 많은 내용을 파악한다.

대중들의 눈에는 프로파일러라고 하면 수사팀과 별도로 움직이는 독립적 존재로 보일 수 있지만, 실제로는 수사팀과 긴밀히 협력하며 현장을 누빈다고 한다. 이경위는 이렇게 설명했다. "최근엔 프로파일러가 사건 초기부터 수사팀과 함께 현장에 투입되는 일이 많아졌다. 수사팀과 서로 의견을 내고 논의하면서 용의자 후보군을 좁힌다든가, 피의자가 자백할 환경을 만드는 게 주요 임무다."

2005년 경찰에 입직한 이경위가 15년간 면담해온 피의자 등은 300여 명에 달한다. 이경위를 포함한 프로파일러들이 작성한 보고서는 법정에서 증거로 채택되기도 하고, 때로는 프로파일러들이 직접 법정에서 증언에 나서기도 한다. 이경위는 "프로파일링 보고서는 사건을 일목요연하게 정리하는 기능을 한다"며 "객관성이 담보돼야 하기에 큰 사건에는 프로파일러 여러 명이 투입된다"고 했다.

연쇄살인범이나 묻지마 살인 사건의 피의자 등을 오랫동안 마주하며 인간 군상의 별별 면모들을 바로 눈앞에서 확인해야 하는 만큼, 프로파일러가 감당할 심적 고충은 적지 않다고 한다. 이경위는 "인천 초등학생 살인 사건의 주범인 김양은 내 아이들과 또래라 인간적으로는 안됐다는 생각이 많이 들었다"고 했다. "그럴수록 피의자가 저지른 일이 얼마나 중대한지를 스스로 깨닫게 하는 데 집중하고, 사건과 사람을 분리하려는 노력을 지속했다."

2

부천 링거 살인 사건

'동반 자살' 정황은 상세한데 동기는 단 한 줄,
진술 분량이 살의를 밝혔다

"동반 자살은 분명 아니었어요. 용의자에게 슬픈 감정이 보이
지 않았거든요. 문제는 물증이 없는 상황에서 어떻게 이 사건이
살인인지를 증명하냐는 거였죠."

경기남부경찰청 소속의 프로파일러 신경아 경사는 2018년 '부
천 링거 살인 사건'을 떠올리며 이렇게 말했다. 사건 발생 당시엔
살인임이 밝혀지지 않아 '부천 동반 자살 사건'으로 알려졌던 사
건이다. 신경사는 "심증은 있지만 실제 우리가 가진 것이라곤 '진
술'뿐이었어요"라고 회상했다. "말을 파헤치고 해석하는 데 모든
수사팀이 매달렸습니다."

1심과 2심 판결문으로 구성해본 사건의 경위는 이렇다.

2018년 10월 20일 밤 10시 30분쯤. 경기 부천의 한 모텔에서 사망 신고가 들어왔다. 신고자는 사망자 A씨의 여자친구 박 모(33세) 씨였다. 박씨는 119에 여덟 차례, 112에 한 차례 신고했다. 경찰관들이 현장에 도착했을 때 A씨는 사망한 채 침대에 누워 있었고, 박씨는 옆에서 넋이 나간 모습으로 앉아 있었다. A씨의 사인은 항염증제 중독이었다. 박씨는 수년차 경력의 간호조무사였다.

박씨는 "동반 자살을 하려고 A씨에게 먼저 링거를 놓고 그다음 나 자신에게도 놓았는데, 나 혼자 깨어났다"고 설명했다. 이어 "프로포폴(수면마취제) 부작용으로 경련을 일으켜 침대에서 떨어지면서 (자신의 몸에 꽂은) 주삿바늘이 빠진 것 같다"고 덧붙였다. 결혼을 앞두고 A씨가 극심한 경제적 스트레스를 호소해 극단적 선택에 이르게 됐다고 했다. 둘은 2년 가까이 만난 사이였다.

일단 경찰은 일반 변사 사건으로 접수했지만 이내 혼란에 빠졌다. A씨의 유가족이 "자살할 이유가 없다"며 억울함을 토로한 것이다. A씨에게 빚이 있었던 것은 사실이지만 2017년부터 개인 회생을 신청해 법원으로부터 절차를 개시하라는 명령을 받고 납입금도 착실히 납입해 사망하기 직전까지 1400만여 원을 변제한 상태였다. 통장 잔고 또한 마이너스로 떨어진 적이 없었다.

이렇게 유가족은 경제적 어려움 때문이라는 자살 동기부터 맞아떨어지지 않는다고 주장했다. 급기야 이들은 청와대가 국민의 의견을 수렴하기 위해 온라인상에서 운영하는 국민청원 게시판에 억울한 죽음을 밝혀달라는 호소문을 올렸다.

사망 장소에 함께 있던 박씨에게 의심스러운 구석이 있었지만, 박씨는 여전히 수사관을 만날 때마다 "내가 같이 갔어야 했다"며 울음을 터뜨렸다. 이때만 해도 박씨가 살해했을 것이라는 동기나 정황은 나오지 않았다.

A씨의 죽음에 따라 보험금을 탈 수 있다는 등 박씨가 금전적 이득을 본 상황도 아니었다. CCTV 영상이나 살인 계획이 담긴 메모 같은 증거도 없었다. 실제 박씨의 몸엔 주삿바늘 흔적이 남아 있었고, 자해 흔적처럼 극단적 선택을 시도한 정황도 있었다. 박씨는 사건의 충격으로 정신과 병원에 입원했다.

'자살일 리 없다'는 유가족의 주장과 '동반 자살이었다'는 박씨의 말이 정면으로 배치됐다. 수사팀이 박씨의 휴대폰에서 '항염증제 부작용'처럼 약물로 사람을 사망케 하는 방법을 검색한 기록을 찾아내기는 했지만, 이는 동반 자살을 준비하는 과정에서 한 검색일 수도 있기에 살인을 직접적으로 가리키는 증거는 아니었다. 명확한 '한 방'이 나오지 않은 채 사건은 맴돌았다.

수사팀으로부터 사건 협조 요청을 받은 신경사는 물증이 아닌 진술만 있는 이 사건을 뒤덮고 있는 '말'들을 차근차근 따라가보기로 했다. 먼저 박씨의 1차 진술서를 살펴봤다. 박씨의 진술을 수사관이 재해석해 정리한 수사보고서가 아닌, 박씨의 육성이 그대로 담긴 '오염되지 않은' 진술이다.

신경사는 "수사관이 재정리를 하면 필연적으로 판단에 따른 '편집'이 들어갈 수밖에 없어요"라고 이유를 설명했다. "그 과정에서 진술 분량, 감정 표현에 쓰는 어휘, 무의식적으로 쓰는 뉘앙스 등이 달라질 수 있습니다."

박씨의 진술서에서 가장 두드러지는 특징은 분량의 차이였다. 박씨는 A씨와 극단적 선택을 하던 10월 20일 밤의 상황을 A4 용지 한 장 분량에 빼곡히 적었다. 어떤 약물을 투여하고, 몇 초 뒤 A씨가 잠들고, 약물을 어떻게 배합해 어느 위치에 주사기를 꽂았는지 등을 상세히 설명했다. 이후 박씨 자신에게 주삿바늘을 꽂는 장면도 마치 그림을 그리듯 세세히 묘사했다.

그러나 A씨와 극단적 선택을 결심하게 된 경위에 대해선 한 줄의 설명뿐이었다. '경제적으로 힘들어서.' 여기서 약점이 보였다. 신경사는 이 지점에서 '동반 자살이 아닐 것'이라는 직감을 느꼈다고 한다.

"사람이 없는 사실을 지어내 말로 표현할 수는 있죠. 하지만 거짓을 지어낸 말과, 사실을 서술한 말은 분명히 다를 수밖에 없어요. 거짓말은 어딘가 부족하거나 과장돼요. 사건 현장에 대한 서술은 확실한데 동반 자살 경위에 대한 설명이 부족했다면, '링거로 사망케 한 것은 사실이지만 동반 자살은 거짓이다'라는 결론이 나오죠. 즉 살인일 가능성이 높았다는 이야기입니다."

2019년 4월 A씨의 유가족이 청와대 국민청원 게시판에 올린 청원글. A씨의 가족은 "희망 섞인 미래에 대해 얘기하던 남동생을 기억한다"며 "그런 남동생이 두 눈조차 감지 못하고 죽은 억울함을 꼭 풀어주고 싶다"고 적었다. 사진 청와대 국민청원 캡처

물론 프로파일러의 '감'만으로 혐의가 확정되지는 않는다. 경찰청은 수사에서 '과학적 진술 분석'(SCAN: scientific content analysis) 기법 등을 적극 활용한다. 대명사 활용이나 연결 어구 적절성, 시간의 불일치, 단어의 변화, 정보의 생략, 정서 표현, 중요하지 않은 정보 등 준거들을 종합적으로 고려해 진술의 신빙성을 평가하는 기법이다. 1987년 이스라엘에서 개발돼 전 세계적으로 쓰이고 있다.

이러한 분석 결과 자체가 유무죄를 가늠하지는 않지만 이후 수사의 방향을 결정하는 데 중요한 나침반 역할을 한다. 박씨의 진술은 이를 포함한 다양한 기법을 적용한 끝에 거짓일 가능성이 높다고 판단됐다. 이런 내용을 담은 보고서는 법원에서 적법한 증거로 채택됐다.

동반 자살이 아닐 가능성을 확인한 신경사의 다음 관심사는 살해 동기였다. 신경사의 선택지는 흩어진 말들을 시간순으로 배열하는 것이었다. 박씨가 사건 전에 했었던 말들을 따라가다 보면 실마리가 나올지 모른다는 생각에서였다. 신경사는 수사팀으로부터 그간 수사를 통해 확보한 박씨의 휴대폰 검색 기록과 대화 내역, 참고인 진술 등을 전부 넘겨받아 시간순으로 배열했다.

가장 눈에 띄는 건 검색 시간이었다. 박씨의 검색 기록은 사건 발생 즈음에 폭발적으로 늘어났다. 특히 사건 발생 17시간 전인 10월 20일 새벽 5시부터 2시간여 전인 밤 9시까지 검색어 수는 수백 개에 달했다. 검색 내용에는 '주사 쇼크', '죽음', '항염증제 부작용' 등이 포함됐는데, 3~5초에 한 번씩 검색을 했다. 이를 정리한 보고서가 A4 용지 서너 장을 넘어갈 정도였다. 박씨는 한 달 전만 하더라도 한두 시간에 한 번씩 '드라마 무료 보기' 정도만 검색했을 뿐이다.

신경사는 검색량이 급증한 시점의 첫 번째 검색어가 살해 동기일 수 있다고 직감했다. 유의미해 보이는 검색의 시작일은 사건 전날인 10월 19일이고, 그 검색어는 한 술집의 이름이었다. 박씨는 전날 자정을 갓 넘긴 때부터 이날 오전 2시 50분까지 3시간 정도에 걸쳐 초 단위로 술집의 이름을 수백 건 검색했다. 같은 날 오후 3시부터 저녁 8시까지는 '13만 원 계좌 이체', '오피 단속 혹시나 했는데', '오피 단속 걸리면', '남친 성매매', '유흥 탐정' 등으로 검색어가 옮겨 갔다. 이는 다음 날 새벽 5시부터는 점심과 저녁식사 시간도 거른 채 '프로포폴', '항염증제', '주사 방법', '주사 부작용', '쇼크' 등으로 넘어갔고, 사건 발생 1시간쯤 전엔 '약물 부검', '주사 쇼크 부검 결과' 등으로 바뀌었다. 이렇게 동반 자살이 아닌 살인이 보이면서 꼬리가 잡혔다.

살인으로 명확한 결론을 내지 못한 상태에서 경찰로부터 사건을 넘겨받은 검찰은 집착과 충동적 성향을 가진 박씨가 A씨의 외도를 의심해 범행을 저지른 것으로 판단하고 박씨를 살인 및 횡령 등 혐의로 기소했다.

술집에서 13만 원을 사용한 것을 '남자친구의 성매매'로 단정한 A씨가 충동적 분노를 이기지 못해 병원에서 빼돌린 약물을 활용해 이 같은 범행을 저질렀다는 것이 수사기관의 결론이었다. 신경사는 "검색 시간대를 보면 박씨가 식사와 수면을 모두 끊은 채 발작적으로 살인 충동에 휘말린 것으로 판단된다"고 정리했다.

박씨에 대한 심리평가를 진행한 담당 정신보건임상심리사는 8가지 심리검사로 교차 검증한 결과 스트레스가 갑자기 증가할 경우 충동적 행동과 감정 폭발이 일어날 수 있다는 의견을 밝혔다. 유가족들은 박씨가 그전에도 A씨의 휴대폰 비밀번호나 계좌 정보를 전부 받아두는 등 집착적 성향을 보였다고 진술했다. A씨가 두 차례에 걸쳐 13만 원을 이체한 사실도 평소 박씨가 A씨

계좌의 지출 내역을 수시로 확인하던 중에 발견한 것이다.

1심 재판부는 이를 종합해 "피해자가 성매매를 한 것이라고 확신하게 되었으며, 이에 피해자와의 깨져버린 신뢰에 대한 분노, 자신이 통제해왔던 피해자가 자신을 배신했다는 사실에 격분해 피해자를 살해하기로 마음먹었다"고 살해 동기를 파악했다. 박씨가 10월 19일 지인을 만나 "A씨를 죽이려 한다"고 말했다는 참고인 진술도 인용했다.

또 재판부는 프로파일러가 진술서와 검색 기록 등을 활용해 진행한 진술 분석을 유죄를 판단하는 데 적극 원용했다. 특히 박씨의 진술을 보면 사건 당시의 상황에 대한 설명은 매우 상세하지만 동반 자살을 약속하게 된 동기와 경위에 대해선 '경제적 어려움'이라는 내용 말고는 없다는 점은 그대로 인용했다.

더 나아가, A씨에게 자살 동기가 없었던 점뿐 아니라 박씨와 A씨 사이에 동반 자살을 계획한 정황이 없다는 점도 판단에 반영했다. 박씨는 10월 16일에 주사로 약물을 투여하는 방법으로 자살하기로 A씨와 약속했다고 하지만, 전화 통화와 문자메시지, 메신저 등 그 어디에서도 동반 자살을 언급한 내용이 나오지 않았다. 박씨의 진술이 유일하다. 이에 대해 박씨는 "동반 자살에 대한 대화는 만나서만 나눴을 뿐 문자메시지나 전화로는 이와 관련한 대화를 나누지 않았다"과 진술했지만 재판부는 납득하기 어렵고 신빙성이 낮다고 봤다.

1. 각 수사보고(피해자 유○○ 부검의 구두소견, 약독물화학과 감정관 구두소견, 유전
   자감정서회신, 피해자 아버지 유○ 전화통화) 및 각 첨부서류
1. 사체검안서, 법화학감정서, 각 약독물감정서, 피의자 의무기록 사본, 피해자 유○○
   부검감정서, 약독물감정서 회신, 마약감정서, 각 유전자감정서
1. 현장체크리스트, 현장감식결과보고, 질의회보서, 진술평가서, 법안전감정서, 전문심
   리위원 의견서, 119신고내역 회신, 녹취서

1심 판결문에 적시된 증거 목록의 일부. 신경사가 작성한 진술평가서(네모 표시)가 채택돼 있다.
이후 신경사는 보고서의 신빙성 검증을 위해 1심 재판에 직접 증인으로 출석하기도 했다.
사진 판결문 캡처

검색 기록도 동반 자살이 아닌 살해 정황을 말해준다고 했다.
10월 19일까지 약물의 종류나 효능에 대해 검색한 기록이 전혀
없다가, 사건 당일인 10월 20일에야 '죽음', '뇌사' 등으로 검색하
고, 특히 '부검으로 주사 쇼크를 알 수 있나요'라는 내용으로 검
색한 기록이 나왔다. 이에 비춰 재판부는 박씨가 약물을 주사해
A씨를 살해하기로 마음먹은 뒤부터 살해 방법을 검색한 것으로
판단했다.

재판부의 판단을 좀 더 살펴보자.

재판부는 박씨 본인의 체내에서는 약물이 극소량만 검출됐다
는 부검 결과를 정교하게 분석했다. 사건 당시 박씨는 평소 A씨
와 지인 등에게 몸에 좋은 여러 주사를 놓아준 통에 A씨가 자신
이 투여하는 약물에 대해 거부감이 없다는 점을 이용해 피로 회
복용 수액이라고 속여 먼저 프로포폴을 투여했다. A씨가 수면

마취 상태에 빠지자 박씨는 항염증제 등을 정맥주사로 대량 투여해 사망하게 했다.

반면 박씨의 체내에선 생명에 전혀 지장이 없는 정도인 소량의 약물이 검출된 걸 보면서 재판부는 과연 박씨가 실제로 문제의 약물을 정맥 주사했는지 의문이 든다고 했다. 그러면서 약물을 마시거나 빨아 먹는 경우에도 체내에 일부 흡수될 수 있으므로 체내에서 소량의 약물이 검출됐다는 사실만으로는 박씨가 자신에게도 약물을 주사해 자살 시도를 했다고 보기 어렵다고 판단했다.

박씨가 자신에게도 정맥주사를 놓았는데 나중에 주삿바늘이 빠지게 됐다는 주장에 대해서도 의학적인 소견을 인용해 반박했다. 의사의 감정서에 따르면 프로포폴은 기본적으로 항경련제라서 잘 고정된 주사는 빠지기 어렵고, 몸에 경련이 일어나는 일은 다량 약물을 투여한 경우에만 해당되며, 박씨의 주장처럼 바닥으로 떨어지면서 주삿바늘이 빠졌다면 약물이 흘러나왔을 텐데 바닥에 아무런 흔적이 나타나지 않았다는 것이다.

결국 재판부는 "피해자가 피고인이 주사한 약물로 인해 사망하더라도 피고인이 그 책임을 면하거나 가볍게 할 수 있는 방법을 모색한 다음, 치밀한 계획하에" 동반 자살로 위장해 살인 범행을 저질렀다고 정리했다.

인천지방법원 1심 재판부와 서울고등법원 2심 재판부는 모두

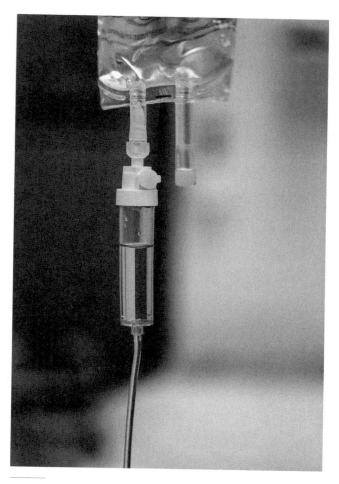

프로파일러는 용의자의 진술 내용을 분석한 결과 '링거로 사망케 한 것은 사실이지만 동반 자살은 거짓이다', 즉 살인일 가능성이 높다는 결론을 내렸다.

살인 등 혐의로 기소된 박씨에게 징역 30년을 선고했다. 서울고
등법원은 2020년 9월 원심을 유지하며 "박씨는 냉혹한 범죄를
저질렀는데도 피해자와 동반 자살을 시도했지만 자신만 살아남
은 것이라고 주장하는 등 진심으로 반성하지 않고 있다"고 양형
이유를 밝혔다. 대법원도 2020년 11월 26일 박씨의 상고를 기각
하고 징역 30년 형을 확정했다.

2016년 8월과 9월   간호조무사 박씨가 자신이 다니던 의원이 폐원 되는 과정에서 여러 약품을 가져온다.

2017년 1월   박씨와 피해자 A씨가 교제를 시작한다.

2018년 10월 18일 밤 11시 40분쯤   박씨가 A씨의 계좌에서 술집에 13만 원을 이체 한 사실을 확인한다. 박씨는 이를 A씨가 성매매 를 한 것으로 의심하고 집착 행동을 보인다.

10월 19일 밤   A씨를 살해하기로 마음먹은 박씨가 지인에게서 항염 증제와 주사기를 전달받는다.

10월 20일 밤 10시 30분   경기 부천의 한 모텔에서 박씨가 A씨에게 수면마취 제를 놓은 뒤 항염증제 등을 정맥주사로 대량 투여 하는 방식으로 A씨를 살해한다.

11월   경찰이 박씨에 대한 구속영장을 신청하지만 법원이 이를 기각한다.

2019년 4월   경찰이 박씨에 대한 불구속 기소 의견으로 사건을 검찰에 송치한다.

11월   검찰이 살인 및 횡령 혐의로 박씨를 구속 기소한다.

2020년
4월 24일   인천지방법원이 박씨에게 징역 30년을 선고한다.

9월 11일   서울고등법원이 박씨에게 징역 30년을 선고한다.

11월 26일   대법원이 상고를 기각하고 징역 30년을 확정한다.

3

전남 여고생 살인 사건

유일한 용의자가 자살하자,
심리 부검 통해 살해 경위를 밝혔다

유력한 용의자가 스스로 목숨을 끊었다. 피해자가 어디 있는
지도 모른다. 목격자마저 전혀 없다. 그러나 피해자가 살해됐을
가능성은 매우 높아 보인다. 범행 장소로 추정되는 넓은 야산에
서 무슨 일이 일어났는지 그 누구도 알지 못하는 이 사건에 세상
의 이목이 집중돼 있다.

결국 경찰이 이 모든 것을 밝혀내야 했다. 누구를 쫓을지, 어
디까지 야산을 뒤져야 할지, 모든 것이 막막하기만 하던 2018년
6월 그 혹독했던 여름을 전남경찰청 범죄분석팀장(프로파일러)
차운 경감은 절대 잊지 못한다.

2018년 6월 16일 전남의 한 시골 마을. 사위가 이미 어두워졌지만 당시 고등학교 1학년이던 이 모(16세) 양은 집으로 돌아오지 않았다. 이양 어머니는 딸 친구들을 수소문한 끝에 이양이 '아르바이트를 시켜준다는 아빠 친구를 따라갔다'는 얘기를 들었다. 그 사람은 식당을 운영한다고 했다. 어머니는 문득 인근 마을에서 식당을 운영하는 김 모(51세) 씨를 떠올렸다.

어머니는 딸의 소재를 묻기 위해 김씨 집을 찾아가 현관문을 두드렸는데, 김씨는 급히 뒷문으로 도망쳐버렸다. 누가 봐도 수상한 김씨의 반응에 어머니는 경찰에 신고를 했고, 경찰은 즉시 김씨를 찾아 나섰다.

그런데 이튿날 아침 6시 20분쯤, 김씨는 자신이 운영하던 식당 근처 공사장에서 목을 매 숨진 채 발견됐다. 김씨에게서 저항하거나 다른 사람과 접촉한 흔적이 나오지 않은 것으로 미뤄 스스로 목숨을 끊은 정황이 명백했다. 김씨는 현장에 유서나 메모도 남기지 않아 실종된 이양의 소재를 끝내 미궁으로 빠뜨린 채 허무하게 세상을 등졌다.

경찰은 김씨가 수사망이 좁혀오자 스스로 목숨을 끊은 것이 아닌가 하고 추정했다. 하지만 김씨가 이양에게 연락한 기록이나 실종 당일 만났다는 직접적인 증거는 확보하지 못했다. 실종되기 며칠 전 김씨와 이양의 아버지, 이양 셋이 식당에서 밥을 같이 먹은 사실 정도만 확인됐다.

김씨의 집과 식당, 차량을 수색했지만 이양의 흔적은 나오지 않았다. 다만 이양의 휴대폰이 마지막으로 끊긴 장소가 김씨의 고향 마을이고, 실종 당일 김씨의 차량이 2시간 넘게 그 부근에 머물렀다는 점이 수상했다. 우선 이양과 김씨가 어떻게 연락해 만나게 됐는지, 만난 이후 어디로 이동했는지 등을 들여다봐야 했다.

경찰은 실종 당일 이양의 어머니가 집에 찾아오자 김씨가 만나지 않고 뒷문으로 몰래 빠져나가는 모습을 이 집 인근에 설치된 CCTV로 확인했다. 가족들과 잠자리에 들려고 하던 김씨는 밤 11시 8분쯤 초인종이 울리자 가족에게 "불을 켜지 말라"고 한 뒤, 가족이 문을 열기 위해 밖으로 나간 사이 뒷문으로 달아났다. 또 실종 당일 오후 김씨가 집으로 돌아와 차량을 세차하는 모습도 CCTV에서 포착했다.

유일한 용의자가 그렇게 사라지면서 여고생 실종 사건은 순식간에 미제가 될 위기에 놓였다. 프로파일러로 사건에 투입됐던 차경감은 "조각처럼 흩어진 정황을 퍼즐 완성하듯 맞춰가며 사건을 재구성해야 했습니다"라고 당시를 회상했다.

경찰은 CCTV 영상과 목격자의 증언 등에 토대해 이양의 실종 과정을 재구성했다. 이양 아버지의 친구였던 김씨는 사건이 일어나기 며칠 전 이양 부모와는 상의하지도 않고 이양에게 아르바이트를 시켜주겠다고 제안했다. 평소 아르바이트를 하고 싶어 하던 이양은 아무런 의심 없이 제안에 승낙했다. 실종 당일인

6월 16일 수업을 마치고 귀가했다가 오후 1시 30분 김씨를 만나러 집을 나섰다.

김씨는 오후 1시 50분쯤 휴대폰을 자신의 식당에 두고 외출했으며 승용차 블랙박스도 꺼놓았다. 그는 평소에도 차에 탈 때마다 블랙박스 연결선을 뽑아 놓는 편이었다. 경찰은 이양의 집 인근에 있는 공장에서 오후 1시 58분에서 오후 2시 사이에 이양과 김씨가 만난 것으로 추정하지만, 해당 지역에 CCTV가 설치돼 있지 않아 직접 만나는 것은 확인할 수 없었다.

오후 2시 16분, 선팅이 진하게 돼서 안이 보이지 않는 김씨의 차가 그의 고향 마을로 향하는 장면이 CCTV에 잡혔다. 이양의 휴대폰 신호 역시 그날 김씨 차량의 이동 행적과 일치한 것을 보면 당시 김씨와 이양이 함께 있었을 것이 틀림없었다. 김씨의 차는 고향 마을의 야산 아래서 2시간 이상 머물렀고, 오후 4시 24분쯤 이양의 휴대폰이 꺼졌다. 김씨의 차량은 오후 5시쯤 고향 마을을 유유히 빠져나갔다.

그리고 실종 전날인 6월 15일 이양이 친구에게 보낸 메시지 내용이 새로 밝혀졌다. 실종 당일 오후 2시 이양은 "아버지 친구와 아르바이트 하기 위해 해남 방면으로 이동하고 있다"는 내용의 메시지를 친구에게 보낸 적이 있는데, 전날에도 보낸 메시지가 또 있었다. "나, 내일 아르바이트 간다. SNS 메신저를 잘 봐라. 내가 위험하면 신고를 해줘"라는 내용이었다. 물론 아르바이트

경찰 600여 명이 2018년 6월 22일 전남 시골 마을에서 실종된 여고생을 찾기 위해
야산 등을 수색하고 있다. 사진 전남경찰청

를 처음 나가는 터에 불안한 마음에 보낸 메시지일 수도 있었다.

　메시지엔 또 다른 내용도 있었다. "아빠 친구가 자기랑 같이
아르바이트 가는 것을 다른 사람에게 절대 말하지 말라"고 당부
했다는 것이다. 가족끼리도 알고 지내는 사이에 김씨가 이런 말
을 했다는 것은 의심스러운 정황이었다. 하지만 경찰은 직접적
인 증거가 나오지 않는 이상 김씨를 피의자로 단정 지을 수는 없
었다.

　사건을 재구성해보면 사건 해결의 결정적 단서는 그 야산에
있는 것처럼 보였다. 이제 분석을 마치고 현장으로 나가 이양의
흔적을 찾는 게 급선무였다. 그러나 무작정 그 넓은 야산을 다 뒤

질 수는 없는 노릇이다. 차경감은 전국에서 모인 프로파일러 다섯 명과 즉각 광역분석회의를 열어 시체를 매장하고 유기한 장소가 어디인지에 대한 다양한 시나리오를 그려나갔다.

프로파일러들은 '범인이 살인한 뒤 시신을 옮기는 과정'을 다룬 외국 문헌과 국내 사례들을 참고했고, 그 결과 수색 범위를 좁히기 위한 첫 번째 범죄분석 보고서를 완성했다.

1차 수색 범위는 차량 안에서 범행이 일어났을 경우를 고려한 것으로, 매장 가능성이 있는 야산 밑 차량 주차지로부터 30미터 이내가 해당됐다. 2차 수색 범위는 차량 밖에서 범행이 이뤄졌을 경우로 주차지로부터 500미터 이내까지로 설정돼, 시신 매장뿐 아니라 유기 가능성까지 염두에 뒀다. 3차 범위는 김씨가 자택으로 돌아가면서 중간에 증거물 등을 버렸을 가능성을 고려해 자택까지 가는 길을 포함했다.

프로파일링을 통해 논리적으로 정한 수색 범위에 토대해 헬기와 드론 등이 동원됐고, 경찰기동대 등 1080명 인력이 투입됐다. 보통 범인을 잡을 때는 수색과 포위망을 좁혀가는데, 이번 사건에선 1차 범위에서 시작해 점차 범위를 넓히는 방식으로 수색을 이어나갔다. 하지만 경찰은 이양의 시신을 찾지 못했다.

수색 기간이 늘어나도 범죄분석 보고서대로 시신이 발견되지 않자 차경감은 속이 바짝 타들어갔다. 그러다 사건이 발생하고 여드레 만인 6월 24일 오후 3시쯤 야산 정상 부근에서 경찰견이 마침내 이양의 시신을 찾아냈다.

2018년 6월 19일 오전 전남 시골 마을에서 경찰이 "아르바이트를 하겠다"고 나선 뒤
실종된 여고생을 찾는 수색 작업을 벌이고 있다. 사진 전남경찰청

시신을 찾았다고 해서 수사가 끝나는 게 아니었다. 이미 부패
가 진행된 시신만으로는 범죄 증거와 정황을 파악할 수가 없었
다. 피해자도 피의자도 조사할 수 없어 다양한 억측만 나돌던 상
황에서 경찰은 범행 동기를 찾아야 했다.

그 순간 차경감은 '심리 부검'을 돌파구로 떠올렸다. 평소 김씨
와 잘 알고 지내던 주변 사람들을 상대로 그의 전반적인 삶, 생활
모습과 환경, 죽음에 이르게 한 사건과 행동 등을 재구성하기 위
해 사후 조사 과정을 거치는 것이다.

차경감과 프로파일러들은 용의자 김씨의 형제, 이혼한 부인,
현 부인, 직장 동료, 지인 등 일곱 명을 상대로 면담을 진행하면
서 김씨에 관한 모든 자료를 수집했다. 전국에서 모인 프로파일

러 여섯 명이 일주일간 머리를 맞대 보고서를 작성하고 나자 김씨의 성격이나 생전 생활 모습이 그려졌다.

그랬더니 활달한 성격에 성실하고 부지런한 가장으로 알려져 있던 김씨의 겉모습과는 다른 '악인의 모습'이 서서히 드러났다. 차경감은 새롭게 발견한 김씨를 이렇게 표현했다.

"성에 대한 집착이 강하고 임기응변에 능하며 자존심도 강한 유형, 한마디로 완벽주의자 같은 사람이었습니다."

주변 사람들의 증언에 따르면 김씨는 불우한 유년 시절을 보냈다. 고등학교 1학년 때 학교를 중퇴한 뒤 덤프트럭을 운전하고 사업을 벌이며 돈을 악착같이 벌었다. 하루 스케줄을 칼같이 정해두고 일관적으로 지키는 사람이었으며, 자신이 운영하던 개 농장은 개털도 찾아보기 힘들 만큼 깨끗이 정돈해두는 깔끔한 성격이었다.

사람들은 그를 자식들에겐 엄해도 따뜻하던 사람으로 기억했다. 다만 특이했던 건 김씨를 "한없이 좋은 사람이었다"고 증언하며 그의 범행을 믿지 못하는 사람들이 있는가 하면, 다른 한편에선 "충분히 그럴 만한 사람"이라고 말하는 사람들도 있어서 판단이 극명히 엇갈렸다는 점이다.

차경감과 프로파일러들은 지인들의 증언에 토대해 '김씨가 성범죄를 치밀하게 계획했다'는 분석을 내놓았다. 수사팀 역시 김씨가 범행 전에 수면유도제 성분의 약물을 미리 준비하는 등 범죄를 계획한 정황을 포착했다. 현장에서 수사팀이 알아낸 정황과 그에 따른 강력한 심증들이 프로파일링 분석을 통해 신빙성을 얻게 된 것이다.

그러나 살인에 대해서만큼은 김씨가 범행 과정에서 예기치 못한 상황으로 인해 우발적으로 저질렀을 것이라는 결론이 나왔다. 평소 치밀한 성격에 자존심도 센 김씨가 살인까지 계획했다면, 이양 어머니가 집으로 찾아왔을 때 급히 도망가기보다는 준비한 시나리오에 따라 능숙히 대처했으리라는 게 차경감의 분석이다.

김씨에 대한 심리 부검은 범행 동기를 밝혔을 뿐 아니라, 그간 이양을 따라다니던 각종 억측을 해소하는 데도 도움이 됐다. 당시 김씨를 순순히 따라간 이양을 두고 원조 교제를 했다거나 부모에 대한 원한 심리 때문이라는 등 각종 추측이 난무했다. 차경감은 이양 아버지와 선생님, 친구 등을 대상으로 이양에 대한 심리 부검도 함께 진행했다. 그 결과 기존의 억측들은 모두 사실이 아니며, 이양은 평소 간호사관학교 진학을 꿈꾸면서 아르바이트를 원하던 평범한 가정의 학생이었다는 결론을 얻을 수 있었다.

이후 경찰은 보강 수사를 통해 김씨가 6월 12일 이양을 만나 아르바이트를 제안하고, 사건 이틀 전인 6월 14일 배낭과 낫, 전기이발기를 챙기고 약국에서 수면유도제를 구입하는 등 치밀하게 계획을 세운 사실을 밝혔다.

김씨가 집에서 태우고 남은 재에서 이양의 유류품도 발견됐다. 끝으로 김씨가 차량에 보관하던 낫과 집에 둔 전기이발기 등에서 이양의 DNA가 발견되면서, 김씨는 사건 이십 일 만인 7월 6일 피의자로 전환됐다. 다만 이양의 주검을 너무 늦게 발견한 탓에 정확한 사망 원인을 밝히지는 못했다.

결국 경찰은 이런 정황을 토대로 김씨가 지리에 익숙한 자신의 고향 야산으로 피해자를 데려가 수면제를 먹인 뒤 살해한 것으로 결론 내렸다. 피의자가 이미 사망했기 때문에 사건은 '공소권 없음'으로 종결될 수밖에 없었지만, 수사팀과 프로파일러들의 노력으로 살인의 경위를 밝히면서 사건을 마무리할 수 있었다.

2018년 6월 12일 피의자 김씨가 피해자 이양에게 아르바이트를 제
안하고 약속을 정한다.

6월 14일 김씨가 배낭과 낫, 전기이발기, 수면유도제 등을 구입
한다.

6월 15일
오후 3시 45분 이양이 친구에게 "내일 아르바이트 하러 간다. 위험
할 수도 있으니 SNS 메신저를 잘 보고 있어라"는 내
용의 메시지를 보낸다.

6월 16일
오후 1시 35분 점심 식사를 마친 이양이 집에서 나와 김씨와 약속
한 장소로 걸어가는 모습이 CCTV에 포착된다.

오후 1시 50분 김씨가 자신이 운영하던 식당에서 나와 이동한다.

오후 2시 이양이 친구에게 "아버지 친구와 아르바이트 하기 위
해 해남 방면으로 이동하고 있다"는 내용의 메시지를
보낸다.

오후 2시 16분 김씨의 차량이 범행이 벌어진 김씨의 고향 마을 쪽

으로 향하는 모습이 CCTV에 포착된다. 이후 고향 마을의 야산 아래서 2시간 30분 정도 머문 정황이 확인된다.

오후 4시 24분 야산 쪽에서 이양의 핸드폰이 꺼진다.

오후 4시 54분 야산 쪽에서 마을로 내려오는 김씨의 차량이 CCTV에 포착된다.

오후 4시 58분 마을 입구에 설치된 국도 차량판독기에 김씨 차량이 찍힌다.

오후 5시 17분 김씨가 자택에 도착한다. 이후 옷을 갈아입고, 차량을 세차하고, 옷가지 등을 불태우는 모습이 CCTV에 포착된다.

오후 11시 8분 이양 어머니가 김씨 집을 찾아오자 이를 보고 김씨가 뒷문으로 황급히 도주한다.

6월 17일 오전 12시 30분 이양의 부모가 딸이 실종됐다며 경찰에 신고를 한다.

아침 6시 17분 김씨가 본인의 식당 근처에 있는 공사 현장에서 숨진 채 발견된다.

아침 8시 경찰이 헬기와 드론, 체취견 등을 동원해 대대적인 수색 작업에 나선다.

6월 24일 오후 3시쯤 경찰 체취견이 야산 정상 인근에서 이양으로 추정되는 시신을 발견한다.

6월 25일 이양의 시신으로 확인된다. 김씨의 낫에서 이양의 DNA가 검출된다.

7월 6일 김씨가 수면유도제 구입한 정황이 확인된다. 경찰은 김씨의 집에서 쓰던 전기이발기에서 이양의 DNA가 검출되자 김씨에 대해 살인 혐의를 적용해 피의자로 전환한다. 이후 피의자가 숨진 까닭에 '공소권 없음' 의견으로 사건을 검찰에 송치한다.

수사관 출신 프로파일러,
"과학수사는 선택 아닌 필수"

"일선에서 수사관으로 근무하면서 느낀 게 있어요. 심증에 불과하던 것이 과학수사를 통해 실제 벌어진 일로 밝혀지면서 사건의 실체가 명확해지는 때가 있더라고요. 사건을 해결하려면 꼭 과학수사가 뒷받침돼야겠구나 싶었어요."

전남경찰청에서 만난 차운 경감은 현직 프로파일러 중 유일하게 특채가 아니라 과학수사 요원에서 선발된 베테랑 수사관이다. 2018년 초 승진한 후 일선 경찰서로 나가려던 참에 전남경찰청 소속의 프로파일러가 경기 지역으로 자리를 옮겨 공석이 되자, 대한민국 최고의 프로파일러가 되겠다는 포부를 품고 지금의 자리를 택했다.

그는 6년 동안 조사 형사로 일선 경찰서에서 근무한 후 2005년 수사보안연수원 범죄분석 전문과정 1기 전문과정 교육을 수료했고, 지문과 몽타주, 법최면 전문 요원, 화재 전문 수사관으로서 14년간 현장을 뛰면서 다양한 과학수사 경험을 쌓았다.

숱한 경험을 쌓으면서 차경감이 얻은 결론은 현장 수사와 프로파일링은 상호 보완하는 관계에 있다는 것이다. 얼핏 보면 발로 뛰는 현장 수사와 각종 과학 기법을 동원하는 프로파일링이 전혀 다른 영역인 듯하지만 사실 둘은 떼려야 뗄 수 없는 관계다.

차경감은 일선 경찰서에서 수사관으로 일하면서 과학수사의 중요성을 실감했다고 말했다. 이를테면 "단순한 음주 폭행에서도 사건 당사자들이 엇갈리는 증언을 하면 쉽게 해결되지 않습니다"라며 수사의 고충을 토로했다. 그러던 중 법최면 수사를 접하면서 과학수사에 눈을 뜨게 됐다. "(피해자나 목격자가) 사건 당시 상황을 전혀 기억하지 못하다가도 법최면을 거치면서 생생히 기억해내는 걸 보고 깜짝 놀랐어요. 그때부터 과학수사가 정말 중요하고 재미있는 분야라고 생각했습니다."

차경감은 이후 과학수사 경력을 전문적으로 쌓기 위해 미국과 캐나다 등에서 연수하며 범죄 심리 분야의 견문을 넓히고 대학원에서 사회심리학을 공부했다. 연수 당시 캐나다 토론토에서 만난 한 프로파일러는 차경감에게 "내가 석·박사 학위가 없어도 프로파일러를 할 수 있는 건 강력사건 현장에서 쌓은 경험들 덕분"이라며 자신감을 심어줬다.

차경감은 "국내 프로파일러 대부분은 심리학과 사회학을 전공한 특채인데, 이와 달리 현장을 경험한 후 프로파일링에 필요한 다양한 공부를 통해 프로파일러가 되는 방법도 있음을 알려주고 싶어요"라고 말했다. 또 "프로파일러로서의 경력은 이제 도약 단계인 만큼 다양한 사건 경험과 연구를 거쳐 최고의 프로파일러가 되고 싶습니다"라고 덧붙였다.

4

전주 고준희 양 실종 사건

"펜션 온 가족, 여자아이 없었어요",
준희 한 풀어준 단서 '법최면 수사'에서 나왔다

"나도 아주머니도 딸 키우는 부모이지 않습니까. 준희는 이 추운 겨울, 그늘진 어딘가에 잠들어 있을 거예요. 지금이라도 그 아이를 볕 드는 양지에 묻어줄 수 있게 나를 한 번만 믿고 법최면 수사에 응해주세요."

눈이 왔더라면 화이트 크리스마스가 됐으련만, 추적추적 가랑비만 무심히 내리던 2017년 12월 25일 늦은 밤이었다. 전북경찰청 형사과 과학수사계 소속의 프로파일러 박 모 경위는 며칠째 집에 들어가지도 못하고 사무실에서 전화로 한 아주머니와 실랑이를 벌이고 있었다. 사라진 다섯 살배기 고준희 양을 찾기 위해 그가 매달릴 곳은 그 아주머니의 '기억'밖에 없었다.

"그 어느 때보다 절박했습니다"라며 아주머니를 설득하던 당시를 떠올린 박경위는 천천히, 몇 년 전 일어난 사건에 대한 이야기를 꺼내놓았다.

"애가 없어졌어요."

준희가 실종됐다는 신고가 처음 경찰에 접수된 것은 그해 12월 8일이었다. 준희의 계모 이 모(35세) 씨가 "집을 비운 사이 아이가 사라졌다"며 전주덕진경찰서 지구대에 전화를 걸어 왔다. 신고에 따르면 이십 일 전인 11월 18일 낮 12시쯤 이씨가 시장에 간 사이 집에 혼자 있던 준희가 사라졌다는 내용이었다.

"왜 이십 일이나 지나 신고를 했느냐?"는 경찰의 물음에 이씨는 "별거 중인 준희 친아버지가 데려간 줄 알았다"고 대답했다. 당시 준희는 양할머니, 즉 이씨의 어머니인 김 모(61세) 씨가 키우고 있었는데, 김씨도 "애가 자주 혼자 밖을 나갔다. 그래서 혹시 몰라 옷을 따뜻이 입혀놓고 외출한 사이 애가 사라졌다"며 아이가 자발적으로 나가 실종됐다는 가능성에 무게를 뒀다.

사라진 준희를 찾기 위해 전북 일대의 경찰이 총동원됐다. 형사 100여 명이 사건에 긴급 투입돼 실종일로 추정되는 11월 18일을 전후해 이십 일간의 CCTV 영상을 분석하는 작업에 들어갔다. 3000명 인원에 경찰견까지 투입돼 일대 저수지와 야산을 샅샅이 수색했지만, 그 어디에서도 준희의 흔적은 발견되지 않았다.

결국 경찰은 신고가 접수된 지 일주일 만인 12월 15일 '고준희 양 실종 사건'을 공개수사로 전환했다. 전주 전역에는 '실종 아동을 찾습니다'라고 쓰인 포스터가 걸렸다. TV 뉴스에선 준희의 사진과 함께 "최대 포상금 500만 원"이라는 아나운서의 멘트가 흘러나왔다. 그로부터 다시 일주일이 지났지만 쓸 만한 제보는 없었다. 그렇게 사건은 미궁 속으로 빠지는가 싶었다.

한편 실종 신고가 접수된 지 사흘째인 12월 10일부터 사건에 투입된 박경위는 '이 사건, 참 이상하다'는 생각을 지우지 못했다. 가족들의 진술에 수상한 점이 한두 가지가 아니었던 터라, 수사 초기에 수사팀 사이에서도 말이 많았다고 한다. 가족들의 주장대로 준희가 스스로 집을 나갔다면 이웃 중 누군가는 준희를 봤을 텐데 목격자가 한 명도 없었다. 그렇다고 외부에서 누군가 집에 침입한 흔적도 없었다.

당시 준희는 계모 이씨, 양할머니 김씨, 배다른 남동생과 함께 전주 덕진구의 한 빌라에서 살고 있었다. 친아버지 고 모(36세) 씨가 준희 친모와 이혼 소송을 벌이던 중 이씨와 살림을 차렸는데, 이후 이씨와도 사이가 틀어지면서 준희와 떨어져 살게 됐다.

경찰이 가족들과 이웃 주민들의 증언 등에 토대해 조사한 바에 따르면 준희는 이 집의 '미운 오리새끼'였다. 피 한 방울 섞이지 않은 준희를 양할머니와 계모가 예뻐할 리 만무했다. 할머니는 늘 인스턴트 식단으로 밥을 줬고, 준희를 혼자 집에 두고 외출

전주 고준희 양 실종 사건

했다고 한다. 임신 6개월 만에 태어난 미숙아였던 준희는 발달장애를 갖고 있어 꾸준한 병원 치료가 필요했지만, 2016년 9월을 마지막으로 준희는 병원을 찾지 않았다. 한마디로 준희에 대한 애착이 없었다.

박경위는 천천히 참고인인 이들의 진술서를 살펴보았다. 계모 이씨는 경찰 조사에서 실종 당일 자신의 행적에 대해 길게 묘사한 반면, 준희의 실종 시점이나 경위에 대해선 짧게 설명하는 데 그쳤다. 이씨는 준희를 "보통 체격에 사시, 앞 윗니가 빠져 있는 계란형 얼굴"이라고 무미건조하게 묘사했다.

할머니 김씨도 "(준희를 데리고 있으면) 창피해서 주변에 말도 못한다"며 부정적 감정을 숨기지 않았다. 아버지 고씨는 준희에 대한 관심은커녕 새 부인 이씨와 어떻게 화해할지에 대해서만 궁리하고 있었다. 이들은 하나같이 경찰의 거짓말탐지기 검사 요청을 거부하는 등 뭔가 숨기는 기색이 역력했다.

박경위는 이런 태도를 바탕으로 12월 20일 세 사람의 심리와 역학 구조를 분석한 프로파일링 보고서를 작성해 윗선에 제출했다. 보고서의 결론은 '피상적 양육 태도를 가진 양육인에 의한 범행 가능성 높음'이었다. 박경위가 볼 때 이 사건은 실종이 아니라 살인 사건일 가능성이 높았다.

경찰은 이 보고서와 그간의 수사 내용에 토대해 이틀 뒤인 12월 22일 이들을 참고인에서 피의자로 전환하고, 본격적인 강력사건 수사에 돌입했다. 가족들의 진술에 따라 추정된 실종일인 '11월 18일'

은 아무런 의미가 없어졌다. 이제 관건은 '준희가 실제 사라진 때는 언제인가'였다.

아버지와 계모, 양할머니 모두 입을 닫고 있는 상황에서 경찰이 기댈 만한 건 주변 목격자들의 증언뿐이었다. 경찰이 최우선적으로 접근한 목격자는 준희가 전북 완주에서 아버지 고씨 및 계모와 함께 지내던 당시 이웃에 살던 주부 A씨였다. 수사 초기에 실시한 탐문 조사에서 A씨는 준희를 마지막으로 본 때는 7~8월인 여름이었다고 진술했다. 준희의 마지막 모습이 반팔을 입었다는 이유에서였다.

경찰은 A씨의 진술을 다시 들어볼 필요가 있다고 판단했다. 당시 피의자들은 준희를 사실상 집 안에서만 양육했는데, 외출을 거의 하지 않던 준희의 모습을 확인한 사람은 A씨가 유일했기 때문이다.

흐릿한 A씨의 기억을 되살리기 위해 박경위가 꺼내 든 건 '법최면'이었다. 크리스마스 저녁, 박경위는 그 때문에 전화기를 붙잡고 A씨를 설득하고 있었다. 그의 간곡한 호소가 법최면 수사를 믿지 않던 A씨의 마음을 움직인 걸까. A씨는 이틀 뒤인 12월 27일 전북경찰청 과학수사계 사무실에 모습을 나타냈다. "그래도 못 믿겠어요"라며 의심을 거두지 않던 A씨는 결국 암막이 쳐진 사무실에서 박경위와 마주 앉았다.

박경위는 "법최면 수사의 성패는 검사자와 피검사자 사이의 거리감을 얼마나 줄일 수 있느냐에 달려 있습니다"라고 말한다. 내면 깊숙한 곳에 자리한 기억을 꺼내려면 피검사자인 A씨가 가진 '마음의 벽'을 무너뜨려야 했다. 박경위는 A씨와의 라포 형성을 위해 법최면에 들어가기 전 수시간 동안 이야기를 나눴다. 어느 순간 A씨와 박경위는 오랜 친구라도 된 것처럼 수다를 떨고 있었다.

"당연히 법최면 과정에서 나온 증언을 곧이곧대로 믿어선 안 돼요. 하지만 법최면은 분명히 과학적으로 증명된 수사 기법 중 하나예요. 법최면을 통해 되살린 기억이 맞는지 하나하나 따져나가다 보면 사건을 해결할 결정적 단서를 찾을 수 있어요."

박경위의 설득에 A씨가 눈을 감자 법최면 수사가 시작됐다.
"준희를 마지막으로 본 것은 4월 25일 오후 7시쯤이었어요. 매달 25일에 월세를 내는데, 그날 남편과 월세 때문에 싸웠거든요. 나는 집에서 빨래를 널고 있었는데, 앞집 아이들이 오는 소리가 창문 밖에서 들렸어요. 애들 엄마와 아들, 그 뒤로 준희가 아버지의 왼손을 잡고 현관문으로 들어가요. 단발머리, 긴 팔에 아래는 분홍색 바지를 입었어요. 머리엔 분홍색 머리끈을 했어요. 분홍색 방울 머리끈."(2017년 12월 27일 법최면 당시 A씨의 증언 내용을 재구성)

아뿔싸, 분홍색 머리끈! 박경위는 며칠 전 준희의 유전자 정보(DNA)를 확보하려고 고씨의 집에 찾아갔을 때가 떠올랐다. A씨가 묘사한 바로 그 머리끈을 거기서 본 것이다. 박경위는 A씨의 최면 진술에 신빙성이 있다고 판단할 수밖에 없었다. 법최면에서 깨어난 A씨는 "정말 준희를 마지막으로 본 건 4월이었네"라며 놀라워했다.

그렇게 실종 시점이 밝혀지자 경찰은 '4월 25일'을 기점으로 그 후 가족들의 동선을 추적함으로써 준희의 행방을 쫓았다. 경찰은 곧 이들 가족이 4월 28일 경남 하동의 한 펜션에 가족 여행을 다녀온 사실을 파악했다.

"묘하게 시점이 딱 맞아떨어졌어요. 마치 큰일을 마치고 다 같이 축하 여행이라도 떠난 것처럼. 4월 28일 하동의 펜션에 준희가 없었다면, 준희의 예상 실종 일자를 4월 26일에서 28일 사이로 좁힐 수 있었어요."

생각에 잠긴 형사과장이 그를 다시 불렀다. "박프로, 내일 그 하동 펜션에 한번 가줘야겠어."

"4월이요? 반년이나 지났어요. 손님이 한두 명이 아닌데, 내가 그걸 어떻게 하나하나 기억하겠습니까?"

2017년 12월 28일 오후 하동 펜션의 주인 B씨는 준희 가족들의 사진을 내미는 박경위를 보고 "기억에 없다"며 고개를 저었다. 수사관 한 명과 급히 차를 몰아 여기까지 온 이상 빈손으로 돌아갈 수는 없었다. 박경위는 B씨를 설득해 펜션 바로 옆에 있던 컨테이너박스에 임시로 암막을 친 뒤 다시 한 번 법최면을 시도했다.

"승용차예요. 앞좌석에서 부부가 내리고, 뒷좌석에서 할머니와 어린 손자가 내려요. 그날 차에서 내린 건 네 명이었어요. 다섯 명이 아니에요. 여자아이는 없었어요."(12월 28일 법최면 당시 B씨의 증언 내용을 재구성)

박경위는 "그때 '2017년 4월 26일에서 28일 사이에 준희에게 분명히 무슨 일이 생겼고, 그 후 준희를 목격한 사람은 없다'는 명제가 참이라는 확신이 생겼어요"라고 했다.

이제 경찰은 그 '사흘'에 수사 역량을 집중했다. 그 시기 동안의 피의자들의 행적을 샅샅이 뒤지던 중 수상한 점 하나가 눈에 띄었다. 4월 27일 새벽 전북 군산의 한 인적 없는 야산에 아버지 고씨와 양할머니 김씨가 함께 방문한 사실이 드러났다. 그 야산은 고씨의 할아버지가 묻혀 있는 집안의 선산이었다.

"친하지도 않은 두 사람이 늦은 밤 집에서 먼, 인적도 없는 야산에 같이 갔다고 하니 의심이 갈 수밖에 없죠."

경찰은 고씨와 이씨, 김씨가 꼼짝하지 못하도록 수사 내용을 들이밀며 몰아붙였고, 결국 이들의 자백을 받아냈다. 4월 27일 새벽에 준희의 시신을 그 선산에 묻었다는 자백이었다. 즉시 과학수사 요원 십여 명이 출동해 예상 매장지를 파헤쳤다. 차가운 땅속에서, 8개월 넘게 잠들어 있던 준희의 시신이 발견됐다. 12월 29일 새벽이었다.

"지금까지 살인 사건 수백 건을 다뤘어요. 토막살인 같은 흉악 범죄 사건에서 온갖 잔인한 시체를 봐도 우린 아무렇지 않아요. 그런데 그렇게 강한 경찰관도 한순간에 무너지는 순간이 있어요. 어린 아이, 준희처럼 아무것도 모르는 작은 아이가 변을 당했을 때예요. 한 달 동안 전북 지역 경찰이 사건에 죽을 듯이 매달린 것도 그 때문입니다."

나중에 드러난 사건의 전말은 이랬다.

전주지방법원의 1심 판결문에 따르면 아버지 고씨는 2017년 4월 초 준희가 밥을 먹지 않는다는 이유로 무릎을 꿇고 앉아 있던 준희의 발목을 강하게 수차례 짓밟았다. 준희의 복숭아뼈에 고름이 생기고 종아리와 허벅지까지 검게 부어올랐지만 고씨와 이씨는 준희를 병원에 데려가지 않았다. 아동 학대로 처벌받을 것을 우려해서다. 준희는 점차 상반신 전체에 수포가 발생하고 4월 20일부터는 혼자 걷거나 서 있을 수 없을 정도로 건강이 악화됐다.

이처럼 준희는 고씨 및 이씨와 함께 산 석 달이라는 짧은 기간 동안 고씨로부터 상습적인 폭행을 당했다. 학대는 계속됐다. 4월 24일 자정이 넘겨 퇴근한 고씨가 준희가 잠을 자지 않는다는 이유로 아이의 등과 옆구리 등을 수차례 발로 차고 짓밟았다. 4월 25일 밤 11시 30분쯤 준희가 호흡 곤란을 일으켜 의식을 잃었는데도 부부는 병원에 데려가지 않았다. 결국 준희는 4월 26일 오전 갈비뼈 골절로 인한 호흡 곤란 등으로 사망했다.

이후 부부는 4월 26일 오전 완주의 자신들 집에서 차에 준희의 시신을 싣고 전주의 김씨 집으로 출발했다. 4월 27일 오전 1시쯤 김씨와 공모한 대로 군산의 한 야산으로 이동했다. 김씨가 차에서 망을 보는 동안 고씨는 자신의 할아버지 묘 옆에 준희를 암매장했다.

이들 셋은 김씨의 전주 집에서 김씨가 준희를 계속 키우고 있는 것처럼 꾸미기로 공모했다. 이후 양육수당을 신청하거나 7월 준희의 생일 전날엔 케이크를 사고 미역국을 준비해 이웃에게 나눠주는 등 허위 실종 신고를 위한 준비를 했다. 심지어 완주 집에 남아 있던 준희의 머리카락을 모아 보관해두었다가 장난감 등과 함께 전주 집으로 옮겨놓기도 했다.

그리고 12월 8일 지구대에 준희가 실종됐다는 신고를 함으로써 계획을 실행에 옮겼다. 하지만 그들의 완전범죄 계획은 법최면 수사와 수사팀의 치밀한 동선 분석을 통해 완전히 무너졌다. 이웃 주민들의 기억을 속이기 위해 7개월을 기다린 것도 모두 수포로 돌아갔다.

1심 재판부는 "반인륜적 범죄"라며 이들에게 아동학대치사 및 사체유기 등의 혐의를 인정해 아버지 고씨에게 징역 20년, 계모 이씨에게 징역 10년, 양할머니 김씨에게 징역 4년을 선고했다.

항소심은 1심 판결을 유지했고, 대법원은 2019년 4월 이를 확정했다.

고준희 양의 빈소가 마련된 전북 군산 금강장례식장에 '하늘나라에서 편안히 쉬세요'라고 적힌
화환이 영정 앞에 놓여 있다. 사진 한국일보

전주 고준희 양 실종 사건 경과 ─────────────

2017년 4월
26일 오전 1시쯤   고준희 양이 사망한다.

4월 27일   가족들이 전북 군산의 한 야산에 준희의 시신을 암매
                장한다.

4월 29일   가족들이 경남 하동의 한 펜션으로 가족 여행을 다녀
                온다.

4월부터 12월까지   허위로 실종 신고를 하기로 모의하고 준희가 살
                    아 있는 것처럼 꾸미는 사전 작업에 들어간다.

12월 8일   계모 이씨가 경찰 112에 준희가 실종됐다고 최초로 신
                고한다.

12월 15일   아무런 단서도 찾지 못한 경찰이 공개수사로 전환한
                다.

12월 19일   경찰이 신고 포상금으로 최대 500만 원을 내건다.

12월 20일   사건에 투입된 프로파일러가 '양육인에 의한 범행 가

능성 높음'이라는 프로파일링 보고서를 수사팀에 제출
한다.

12월 22일 준희 친아버지 고씨와 계모 이씨, 양할머니 김씨를 참
고인 신분에서 피의자로 전환한다.

12월 26일 피의자들이 경찰 조사에서 혐의 일체를 부인하고 법
최면 수사에도 응하지 않는다.

12월 27일 프로파일러가 이웃 주민 A씨를 상대로 법최면 수사를
진행한다.

12월 28일 하동 펜션으로 찾아간 프로파일러가 펜션 사장 B씨를
상대로 법최면 수사를 진행한다. 수사팀은 가족 여행
을 올 당시 여자아이가 없었다는 B씨의 증언에 토대
해 조사에서 피의자들을 압박한 끝에, 군산의 야산에
준희의 시신을 유기했다는 자백을 받아낸다.

12월 29일 과학수사 요원들이 군산의 야산에서 시신을 찾아낸다.

12월 30일 법원이 피의자들에게 대한 구속영장을 발부한다.

2018년 6월 29일 전주지방법원이 고씨에게 징역 20년, 이씨에게 징역 10년, 김씨에게 징역 4년을 선고한다.

2019년 1월 8일 광주고등법원이 원심을 유지한다.

4월 25일 대법원이 상고를 기각하고 원심 판결을 확정한다.

프로파일러의 연장통 속
수많은 도구,
범죄면도 그중 하나죠

"범죄면은 과학적으로 증명된 효과적인 수사 기법 중 하나예요. 마치 거짓말탐지기처럼요."

'전주 5세 여아 실종 사건' 수사에 프로파일러로 투입된 전북경찰청 형사과 과학수사계 박경위는 해군본부 수사관 출신으로, 수사 경력만 20년이 넘은 잔뼈 굵은 베테랑이다. 경찰 범죄심리분석관 특채 2기로, 12년간 수많은 전국 단위 사건에 투입됐던 그는 국내 유일의 범죄면 전문 수사관이다.

전북경찰청 근처의 한 카페에서 만난 박경위는 "경찰 수사에 만능열쇠는 존재하지 않아요"라고 말했다. "목수가 못을 박을 때는 망치를, 판자를 자를 때는 톱을 꺼내듯 프로파일러도 개별 상

황에 맞게 적절한 기법을 그때그때 꺼내 써야 하죠." 법최면 수사
도 프로파일러의 연장통 속 수많은 도구 중 하나라는 뜻이다.

실제로 프로파일러 중 법최면을 '실제 현장에서' 진행하는 이
는 박경위가 거의 유일하다시피 하다. 일선 경찰관들조차 법최
면이라고 하면 '양파를 먹으며 사과 맛을 느끼게 한다'는 식의 왜
곡된 인식을 갖고 있는 경우가 태반이다.

박경위는 법최면의 효용을 다시 한 번 강조했다. "심리적 외
상이나 정신적 충격을 받아 사건 당시를 기억하지 못하는 경우,
또 시간이 많이 지나 사건에 대한 기억이 희미해진 경우에 법최
면을 실시하면 대뇌 어딘가에 남아 있는 기억을 끄집어낼 수 있
죠."

법최면은 뇌파를 베타파(β)에서 세타파(θ)로 유도해 수행하는
엄연한 과학이다. 베타파는 깨어 있을 때 나타나는 파동을, 세타
파는 졸리거나 명상에 잠겼을 때 나타나는 파동을 뜻한다. 최면
상태에서는 세타파가 주로 확인되는데, 이때 신체적, 정신적 긴
장은 이완되고 특정 사건에 대한 기억력이 급격히 증가한다. 이
때 "사건과 관련 없는 기억의 수도꼭지는 잠그고, 수사에 도움이
되는 정보만 흘러나오도록 집중하게 하는 게 핵심"이다.

이처럼 실시간으로 뇌파 상태를 체크해 피검사자가 거짓 연기
를 하는지, 깊은 최면에 빠져 있는지도 확인할 수 있다. 물론 최
면에 걸린 척 거짓말을 할 때는 호흡이나 안구 운동 등으로도 구
별해낼 수 있다.

법최면 대상자인 목격자나 피해자가 의구심을 갖는 경우도 많은데, 이들을 설득하는 것도 박경위의 몫이다. 박경위는 "어떤 분은 '내 기억이 틀렸을 리 없다'며 한사코 법최면을 거부하는데, 이런 경우엔 심리적 방어 기제가 높고 법최면 감수성이 낮아요"라고 귀띔했다. "법최면을 진행하기 전 충분히 대화를 나눠 친밀감을 형성하고, 어둡지만 편안한 분위기에서 사건 당일의 오감을 깨우는 게 포인트예요."

다만 박경위는 법최면에 대한 맹신은 금물이라며 법최면 수사 만능론을 경계했다. "법최면 수사에서 나온 증언을 곧이곧대로 믿을 수는 없어요. 이를 사건 해결의 실마리로 생각하고 이후 검증 과정을 거쳐 보강 수사를 진행해야 하는 게 당연한 절차입니다."

박경위가 일반적인 프로파일러와 달리 일선 경찰서 강력계에서 형사로도 근무하는 등 현장을 가리지 않고 뛰어드는 것도 그런 이유에서다. 피의자를 자기 손으로 체포하고 시체를 직접 부검해봐야 프로파일러로서 적재적소에 다양한 수사 기법을 활용할 수 있다는 게 그의 지론이다. 박경위는 "프로파일러의 판단이 언제나 옳을 수는 없어요"라고 했다. 그러면서도 "가제트 형사처럼 모자 속에 온갖 장치들을 갖고 다니면서 필요할 때 꺼내 쓰는 만능 수사관이 되는 게 나의 목표"라고 전했다.

5

아산 갱티고개 노래방 여주인 살인 사건

"차 뒷좌석에 담뱃재… 공범이 있다"
풀리기 시작한 퍼즐

2007년 여름 충남의 한 농촌 마을. 경찰은 논두렁에 승용차 한
대가 처박혀 있다는 신고를 접수했다. 차 안에는 아무도 없었지
만 뒷좌석 바닥에 누군가 불을 지르려 한 흔적이 있었다. 차량 조
회를 해보니 차주는 실종 신고가 접수된 상태인 30대 중반의 여
성이었다. 경찰은 주변을 수색한 끝에 차량에서 100미터 떨어진
농수로에서 여성의 지갑과 속옷을 발견했다. 살인과 시체 유기
가 강하게 의심되는 정황이었다.

최규환 충남경찰청 과학수사과 경위(당시 경장)는 파릇파릇한
신참 프로파일러 시절 출동했던 그 현장을 잊을 수 없다. 당시 그
는 현장 전체가 내려다보이는 작은 야산에 올라, 범인의 범행 동

선을 머릿속으로 가늠해보며 현장 약도를 그렸다.

경찰은 한 남성을 유력한 용의자로 지목해 공개 수배한 끝에 체포할 수 있었다. 하지만 끝내 그를 재판에 넘기지는 못했다. 피해자의 시신을 찾아내지 못해 혐의를 입증할 수 없었기 때문이다. 용의자는 경찰서를 제 발로 걸어 나갔다.

이듬해 여름, 한 약초꾼이 산에서 심하게 부패된 여성의 시신을 발견했다. 1년 전 실종된 그 여성이었다. 시신이 묻혀 있던 곳은 사건 직후 최경위가 약도를 그리던 곳에서 불과 10미터 정도 떨어진 지점이었다. 바로 옆에 피해자의 시신이 묻혀 있는지도 모른 채 최경위는 약도를 그리고 있었던 것이다. 최경위는 죄책감과 후회에 사로잡혀 며칠 밤을 뜬눈으로 지새웠다. 1년 전 범인을 놓친 것이 모두 자기 탓인 것만 같았다.

8년 후인 2016년 12월. 초짜 티를 벗고 유능한 프로파일러로 자리매김한 최경위는 마음속에만 품어왔던 기획안을 경찰청에 제출했다. 기획안 제목은 '중요 미제사건 분석 TF팀 운영 계획'이었다. 각 지역에 흩어져 있는 프로파일러들을 한곳에 불러 모아 장기 미제 사건들을 하나하나 추적해 재검토하자는 야심 찬 계획이었다. 8년 전 범인을 놓친 그 쓰라린 경험에서 시작된 기획이었다. 피해자에 대한 죄스러움을 갚을 방법은 다른 미제 사건을 해결하는 것뿐이라고 생각했다.

마침 살인죄의 공소시효를 폐지하는 태완이법이 시행(2015년)

되면서 미제 살인 사건을 해결해야 한다는 여론도 거세진 때였다. 기획안은 즉시 통과돼 2017년 1월 실행에 옮겨졌다.

프로파일링 대상은 전국 각지의 장기 미제 강력사건이다. 최경위에 따르면 2010년대 초반을 기점으로 미제 사건 발생률이 '제로'에 가깝게 떨어졌다. 거리마다 CCTV가 설치되고 첨단 과학수사 기법이 도입됐기 때문이다. 경찰의 수사력으로 해결하지 못할 사건은 없었다. 하지만 2010년 이전에 발생한 미제 사건의 증거와 기록은 여전히 경찰서 창고에 먼지를 뒤집어쓴 채 그대로 남아 있었다.

최경위를 포함해 5개 지역에서 모인 프로파일러 여덟 명이 드림팀을 구성됐다. 뭉친 그들이 맡은 첫 사건은 2002년 충남 아산에서 발생한 '갱티고개 노래방 여주인 살인 사건'이었다. 버려진 차량, 실종된 여성, 야산에서 발견된 시신까지. 갱티고개 사건은 최경위에게 큰 상처로 남은 2007년 그 사건과 매우 유사했다. 특히 갱티고개 사건은 현장에서 용의자의 유전자 정보(DNA)를 확보한 상태라 사건을 해결할 가능성이 남아 있었다.

프로파일러 여덟 명은 2017년 1월 11일 충남경찰청 본관 2층 과학수사과 실험실에 모였다. 4300여 장의 경찰 수사 기록, 사건 현장 및 증거 물품을 찍은 사진 수백 장이 테이블 위에 산더미처럼 쌓여 있었다. 그들에게 주어진 시간은 2박 3일. 프로파일러들이 받아든 15년 전 갱티고개 살인 사건의 개요는 다음과 같았다.

피해 여성의 시신이 발견된 아산 갱티고개. 사진 충남경찰청

2002년 아산 갱티고개 살인 사건 개요

2002년 4월 18일 아침 7시 10분쯤 운동을 하던 공무원이 충남 아산 갱티고개에서 시신 한 구를 발견한다.

피해자는 발견된 장소에서 차로 20분 거리에 있는 아산 번화가에서 노래방을 운영하던 40대 여성 A씨였다.

부검 결과 범인은 이미 한 차례 질식해 정신을 잃은 피해자의 목을 날카로운 흉기로 절단한 것으로 밝혀졌다.

같은 날 오전 10시 36분부터 낮 12시 55분까지 인근 현금인출기 8곳에서 모자와 마스크를 쓴 용의자가 피해자 명의의 카드로 195만 원을 인출한다.

아산 갱티고개 노래방 여주인 살인 사건

경찰은 CCTV에 찍힌 용의자의 인상착의에 토대해 수배에 나섰으나 신원을 특정하지 못한다.

A씨가 운영하는 노래방에서 300미터 떨어진 초등학교 주변 도로에서 A씨의 검은색 세피아 승용차가 발견된다.

조수석 바닥에 A씨의 신발 한 켤레가 떨어져 있었고, 조수석 안전벨트에선 피해자가 아닌 신원 미상자의 혈흔이 발견됐다.

최경위는 장기 미제 사건을 프로파일링할 때 첫 단계는 확보한 증거와 사건 기록을 우선순위에 따라 분류하고 정렬하는 것이라고 설명했다.

"증거에는 '사실증거'와 '추론증거'가 있습니다. 피해자의 사인이 다발성 경부 절창(목 부분이 예리한 도구에 의해 여러 차례 베인 것)이라는 점, 차량 안에서 피해자의 신발이 발견된 것. 이건 변하지 않는 사실입니다. 반대로 피해자가 X라는 사람에게 돈을 빌려줘 채무 관계가 있는 경우, X가 채무 관계에서 벗어나려고 범행을 저질렀을 가능성이 있다는 건 추론입니다. TF팀에서는 일단 추론은 전부 걷어내고 사실증거를 1순위로 놓는 작업부터 시작했습니다."

프로파일러들은 화이트보드에 사실증거가 적힌 포스트잇을 수십 장 붙여나갔다. 국립과학수사연구원의 부검보고서와 사인, 목격자의 증언, 차량 위치 등. 증거 나열이 끝나고 이후 현장 답사가 이어졌다. 프로파일러들을 태운 차 두 대가 가파른 갱티고

갯길을 올랐다. 그날 겨울바람은 유난히도 매서웠다.

이들은 피해자 A씨가 운영하던 노래방과 A씨가 평소 차량을 주차하던 초등학교 뒤편, 갱티고개, 피해자의 자택 등을 수십 번 왕복했다. 사건 발생 추정 시간인 새벽에 갱티고개를 다시 한 번 찾기도 했다.

"계절과 시간에 따라 현장 분위기는 가지각색으로 변합니다. 같은 대학가라도 겨울방학일 때와 막 개강한 3월의 분위기가 다른 것처럼요. 한적한 시골의 밤도 그믐달인지 보름달인지에 따라 시야가 많이 달라집니다. 현장에 가면 기록에는 없는 단서를 얻을 수도 있지요. 다행히 사건이 발생한 곳은 아산의 구 도심지여서, 비록 15년이 지났다고 해도 사건이 일어났던 당시의 모습을 어느 정도 그려볼 수 있었습니다."

그렇게 2박 3일 일정의 첫날이 지났다.

둘째 날부터 프로파일러 여덟 명의 끝없는 토론이 펼쳐졌다. 수많은 증거들 가운데서 의미 있는 정보를 추리고, 추론을 거쳐 가능성이 높은 범행 시나리오를 좁히는 2단계 작업이 시작된 것이다. 빛바랜 필름 인화 사진 수백 장을 들여다보며 프로파일러들은 당시 현장을 자신의 머릿속에서 재구성했다. 최규환 경위는 현장 사진을 검토하는 작업에 대해 이렇게 말했다.

"현장 사진은 컴퓨터 모니터로 보는 것보다, 필름으로 현상하거나 인쇄해서 보는 게 현장의 분위기를 더 잘 느낄 수 있더라고

요. 왠지 촌스럽고 구식이지만 나는 이 방식이 더 좋아요."

이들이 주목한 건 차량 내부에서 발견된 증거들이었다. 차량 운전석에는 윈도 브러시(와이퍼)를 켜는 손잡이가 부러진 채 전선만 남아 운전대에 대롱대롱 매달려 있었다. 운전석의 방석은 조수석 방향으로 틀어지고, 피해자가 신고 있었던 것으로 추정되는 구두 한 켤레가 조수석 바닥에 놓여 있었다. 뒷좌석 오른편 바닥에는 담뱃재와 담배꽁초가 여기저기 흩어져 있었다. 조수석 안전벨트와 뒷좌석에서 혈흔이 발견됐다. 국립과학수사연구원의 감정 결과에 따르면 혈흔의 DNA는 남성의 것으로 담배꽁초에서 발견된 DNA와 동일했다.

"운전하다가 와이퍼 시동 손잡이가 부러질 가능성은 높지 않죠. 범행 과정에서 파손됐을 가능성이 높겠죠. 우리는 운전석에 앉은 피해자를 조수석의 범인이 폭행할 때 파손됐다고 추정했습니다. 조수석 바닥에 놓인 A씨의 구두에 토대해 유추하면 피해자는 조수석에 앉아 있었다는 결론이 나와요.

그럼, A씨는 처음에는 운전석에 앉아 있었는데, 중간에 범인이 운전대를 잡고 A씨를 조수석으로 옮긴 것이겠죠. 차 밖으로 옮겨 타면 A씨가 중간에 도망칠 가능성이 있으니 차 안에서 A씨의 자리를 옮긴 것이라고 추론할 수 있습니다. 그때 운전석의 방석이 조수석 쪽으로 틀어진 것이고요.

물론 피해자가 운전석에서 조수석으로 옮겨졌다는 것은 한 가지 중요한 사실을 내포합니다. 즉 그전에 용의자가 조수석이나 뒷좌석에 타고 있었다는 사실을 말하고, 그것은 용의자가 면식 관계에 있는 인물임을 의미합니다.

다음에는 뒷좌석의 담뱃재가 눈에 들어왔습니다. 2002년이면 차 안에서 담배를 피워도 용인되던 시절입니다. 하지만 아무리 그래도 담뱃재를 차 안에다가 털지는 않잖아요, 창밖에다 털지. 피해자 본인이 아니라, 긴장한 범인이 차 안에서 흡연했을 가능성이 높습니다. 그럼, 범인은 앞좌석에도 있고 뒷좌석에도 있었다는 건데… 공범의 존재밖에는 이걸 설명할 방법이 없습니다."

증거는 그렇게 범인이 두 명이라고 말하고 있었다. 프로파일러들은 범인은 한 명이 아니라 두 명이라고 확신했다. 제2의 범인이 있을 가능성은 15년 전 수사팀에서도 제기됐지만 일말의 가능성 정도로만 검토됐을 뿐이다. 퍼즐을 풀듯 증거 조각들이 맞춰지자 사건의 새로운 윤곽이 보이기 시작했다.

이제 남은 작업은 증거에 토대해 프로파일링 보고서의 완성도를 높이는 것이었다. 프로파일러들은 1월 13일 오전 2시까지 밤을 새워 보고서를 작성했다. 그리고 마지막 날 담당 수사팀 앞에서 보고서에 의거해 브리핑을 했다.

보고서의 핵심 추론은 공범의 존재, 범인은 피해자와 면식 관계, 계획적인 흉기 준비, 금품을 빼앗기 위한 단순 강도 등 네 가지였다. 특히 공범의 존재를 예측한 것이 이후 미제 사건을 해결하는 결정적 실마리가 됐다.

"경위님, 갱티고개 사건의 범인이 붙잡혔다는데요."

5개월 뒤 담당 수사팀으로부터 뜻밖의 소식이 들려왔다. 범인을 검거했다는 소식이었다. 역시 공범이 있었다. 프로파일러들과 수사팀이 합심한 끝에 15년 만에 미제 사건을 해결한 것이다.

프로파일링 보고서를 넘겨받은 김도형 충남 아산경찰서 강력 4팀장은 기존 용의선상에 오른 이들을 살펴보던 중, 과거 참고인 조사를 받았던 B씨(51세)에 주목했다고 한다. 그는 4년 전인 2013년, 유사 전과(택시 강도)가 있는 데다 사건 당시 범인이 돈을 인출한 동선을 따라 이동한 흔적이 나오면서 참고인 조사를 받은 용의자였다. 게다가 사건 당시 노래방에서 명함이 발견돼 피해자와 면식 관계에 있는 인물로 추정됐지만 결국 수사망에서 빠져나갔다. 차에 남아 있던 혈흔과 B씨의 DNA가 일치하지 않고, B씨는 당시 운전만 하고 은행에 직접 들어가 돈을 찾은 사람은 공범이어서 현금지급기 주변의 CCTV 영상에 찍힌 인물과 달랐기 때문이다.

하지만 이제 공범이 있다면 DNA가 B씨와 반드시 일치할 필요가 없었다. 공범 가능성을 염두에 두고 수사를 하자 공범의 혈흔일 수 있다는 생각이 든 것이다. 2017년 6월 21일 다시 불려나온 B씨는 7시간 동안 계속된 형사들의 끈질긴 추궁을 견디다 못해 공범의 존재와 범행을 자백했다.

DNA의 주인은 B씨의 회사 후배인 C씨(40세)였다. 일주일여 뒤인 6월 30일 C씨까지 경찰에 체포됐다. C씨는 사건을 저지르고 4년간 국내에 머무르다 불법 체류자 신분을 자진 신고한 후 중국으로 출국했는데, 더는 체포되지 않을 걸로 생각해 2014년 정식 절차를 밟아 재입국해 살고 있었다.

사건의 전말은 프로파일링 보고서의 결론과 큰 차이가 없었다.

법원의 1심 판결문에 따르면 B씨와 C씨는 아산의 한 기업에서 함께 일하던 직장 선후배 사이였다. 이들은 2002년 4월 5일 회사에서 동반 퇴사한 후 근처 여관에서 함께 머물렀다. 생활비가 부족해지자 평소 친분이 있던 피해자를 대상으로 범행을 계획하고 미리 갱티고개로 현장 답사까지 다녀왔다.

두 사람은 2주 뒤 계획을 실행에 옮겼다. 4월 18일 오전 2시 30분 노래방 앞에서 피해자를 기다리다가 피해자가 영업을 마치고 나오자 "집에 가는 길에 우리가 지내는 여관까지 태워달라"고 말하며 차에 동승했다. 오전 2시 35분 조수석에 앉은 B씨가 헛기침을 해 범행을 실행하자는 신호를 보내자, 뒷좌석의 C씨가 흉기를 꺼내 피해자의 목에 들이대며 차를 세우라고 위협했다. 운전석으로 옮겨 탄 B씨는 피해자를 조수석으로 옮긴 뒤 갱티고개로 차를 몰았다. 그동안 C씨는 뒤에서 피해자의 목에 흉기를 계속 겨누고 있었다.

차가 갱티고개에 도착하자, B씨는 피해자에게 "현금과 신용카드를 넘기고 카드 비밀번호를 말하라"고 요구했다. 이후 C씨가

2017년 7월 충남 아산의 갱티고개에서 충남경찰청 소속 형사들이 현장검증을 하고 있다.
사진 충남경찰청

안전벨트로 피해자의 목을 조르는 과정에서 피해자가 C씨의 엄지손가락을 깨물어 핏자국을 차량에 남겼다. C씨가 목을 조를 때 B씨는 피해자가 반항하지 못하도록 피해자의 다리를 붙잡았다.

피해자는 의식을 잃었지만 이들은 여기서 그치지 않았다. 평소 안면이 있는 사이라 살려두면 범행이 탄로 날 것을 우려해 피해자를 차 밖으로 끌어내려 살해했다. 이후 시신은 갱티고개에 유기했다. 차를 평소에 피해자가 주차해놓던 초등학교 뒤편 담벼락에 가져다 놓은 둘은 차량에 남아 있는 자신들의 지문을 모두 닦는 등 증거를 인멸했다. 그 후 충북 청원과 충남 대전, 전북 무주 등으로 옮겨 다니며 현금인출기에서 피해자의 돈을 인출했다.

2017년 11월 22일 대전지방법원 천안지원은 강도살인 혐의로 기소된 이들에게 각각 무기징역을 선고했다. 둘은 형량을 줄일 요량으로 계획범죄가 아니라 우발적으로 저지른 범행이었다고 항변했으나 법원은 이를 받아들이지 않았다. 재판부는 경찰의 수사 자료와 프로파일링 보고서를 증거로 채택함으로써 계획범행을 주장한 검찰의 손을 들어줬다.

대전고등법원도 2018년 4월 13일 무기징역을 선고한 원심을 유지했다. 대법원도 같은 해 6월 28일 상고를 기각하고 이들에 대한 무기징역을 확정했다.

프로파일링 보고서가 재판 증거로 채택된 것은 이 사건이 최초다. 국내 프로파일러들은 이 사건을 "프로파일링은 거짓말탐지기처럼 증거 능력이 없다는, 우리 스스로가 정해놓은 한계를 깨부순 사건"이라고 평가한다. TF팀은 이후 4년간 50여 건의 장기 미제 사건을 맡아 프로파일링을 마쳤으며, 프로젝트는 지금도 진행 중이다.

스릴러 영화에 매료됐던 중학생, 최연소 프로파일러 되다

"중학교 2학년 때 피터 홀 감독의 스릴러 영화 '스트레인저'를 봤어요. 주인공이 연쇄살인범을 연구하는 정신과 의사인데, 알고 보니 본인 또한 과거의 트라우마에 사로잡혀 살인을 저지르는 사이코패스였던 거예요. 사람의 심리라는 게 복잡하면서도 더 파고들고 싶은 묘한 게 있더라고요. 그때부터 범죄자의 심리를 분석하는 일에 나도 모르게 끌렸습니다."

최규환 충남경찰청 과학수사과 경위는 어렸을 때부터 범죄 심리 분석에 끌려 프로파일러의 길로 들어선 범죄 심리 마니아다. 프로파일러라는 개념이 생소하던 1990년대, 아직 학생이던 최경위는 한국도 20년 뒤면 강력범죄가 수두룩한 미국처럼 전문 범죄 분석가가 반드시 필요할 것이라고 생각했다. 친구들이 〈수학의 정석〉을 보며 입시 준비에 한창일 때 그는 범죄 심리 서적을 책장이 닳도록 읽었다.

충남 예산의 한 카페에서 만난 최규환 경위는 "어렸을 때부터 꿈꿔온 일을 하고 있는 것만으로도 행복해요. 운이 좋았죠"라고 말했다. 최경위는 경찰 범죄심리분석관 2기 출신의 1세대 프로파일러다. 대학 졸업을 앞둔 2006년 당시 한국 최연소 프로파일러로 경찰에 입직해 10여 년 동안 전국 단위의 굵직한 사건들에 투입됐다.

그런 그에게도 2002년 '아산 갱티고개 장기 미제 살인'은 유독 기억에 남는 사건 중 하나다. 장기 미제 사건 피해자들의 억울함을 달래고자 시작한 기획이었는데, 기대하지도 않은 성과를 거뒀다. 특히 법원에서 프로파일링 보고서를 증거로 채택한 최초의 사건이 되면서, 한국 프로파일러 역사의 한 획을 그었다는 평가도 받고 있다.

최경위는 프로파일러를 바라보는 인식의 전환이 이뤄진 당시를 돌아봤다.

"프로파일러들이 초기 교육을 받을 때 듣는 내용 중 하나가 '프로파일링은 수사 기법일 뿐이지 법정 증거로는 사용될 수 없다'는 것이었어요. 나도 그렇게 배웠는데 이 사건에서 증거로 채택되는 것을 보고 지금까지 우리가 스스로를 철창에 가둬놓은 것 아닌가 하는 생각이 들더라고요."

갱티고개 사건을 계기로 최경위는 눈앞의 사건을 넘어, 프로파일러의 미래에 대해 고민하게 됐다고 한다. 후배들에게 오랜 기간 쌓인 프로파일링 경험을 전수하고자 협업을 마다하지 않는 것도, 사비로 공부를 계속해 2020년 법학박사 학위를 취득한 것도 그런 수많은 노력 중 일부다. 현장을 지키고 싶은 욕심도 후배들 못지않아서, 국내 최고의 프로파일러 십여 명이 투입됐던 이춘재 사건 때도 아내에게 양해를 구하고 한 달간 집을 떠나 있었다. 국내 1호 프로파일러인 권일용 동국대 교수가 경찰을 떠난 뒤 책임감이 더 커졌다고 한다.

프로파일러로서 지켜야 할 제1의 원칙이 무엇이냐고 물었더니 그는 사소한 사건 하나라도 허투루 프로파일링하지 않는 것을 꼽았다. 프로파일러는 수사팀이 사건을 효율적으로 해결하도록 돕는 '서비스 직종'이라는 게 최경위의 설명이다. 프로파일러에 대한 평가는 결국 프로파일러가 어떻게 행동하는가에 달려 있다는 의미이기도 하다.

"장기 근속한 일선 형사도 프로파일러를 만나게 되는 경우는 아마 한두 건에 불과할 겁니다. 그래서 보통 형사들은 그 한 번의 경험으로 프로파일러를 평가합니다. 한 번이라도 제대로 못 하면 '프로파일링이라는 거, 수사에 전혀 도움 안 되더라' 같은 소리를 듣는 거죠. '프로파일러가 도와주니 사건이 술술 풀리네.' 이 소리를 듣는 게 프로파일러로서의 내 목표입니다."

6

의정부 여자친구 연쇄살인 사건

밥 먹듯 거짓말하는 연쇄살인범,
거짓말 기법으로 자백 끌어내다

"타지에서 생활하는 딸과 연락이 되지 않아요. 제발 내 딸을
찾아주세요."

2017년 11월 19일 경기 의정부경찰서에 한 중년 여성이 다급
히 찾아왔다. 여성은 두 달 전부터 딸 신 모(21세) 씨와 연락이 끊
겼다며 실종 신고를 접수했다. 딸 신씨는 고등학교를 졸업하고
곧바로 서울로 이사해 독립했다. 어머니와 자주 연락을 주고받
지는 않았지만 이번처럼 오랫동안 연락이 두절된 적은 없었다.

즉각 수사에 착수한 의정부경찰서는 신씨가 이미 넉 달 전인
7월 중순부터 신용카드를 사용하지 않는 등 수상한 점이 있다는
것을 확인했다. 사건을 보고받은 경기북부경찰청은 단순 실종

사건이 아니라고 판단해 즉각 이일호 프로파일러(경사)를 투입하기로 결정했다. '의정부 여자친구 연쇄살인 사건'에 대한 본격적인 수사는 이렇게 시작됐다.

경찰에 입직한 지 1년여밖에 되지 않은 신입 프로파일러에겐 상당히 까다로운 사건이었다. 이경사는 "보통은 수사가 풀리지 않는 단계에 프로파일러가 투입되는 경우가 대부분인데, 이 사건은 내가 맡은 사건 중 처음으로 사건 발생 시점부터 투입된 사례였습니다"며 당시를 회상했다.

실종자 신씨의 통신 자료와 사건 발생 당시의 이동 경로 등을 전달받은 이경사는 수사팀과 함께 그의 마지막 행적을 추적했다. 2017년 7월 13일 신씨는 본인 명의로 렌터카를 빌려 경기 포천 산정호수를 방문한 이후 행적이 묘연했다.

사건의 실마리는 생각지도 않던 곳에서 발견됐다. 신씨가 빌린 렌터카가 반납될 당시 반납자 명부에는 그녀가 아닌 남성 최모(30세) 씨의 이름이 적혀 있었다.

렌터카 업체 담당자의 말에 따르면 7월 13일엔 20대 여성이 혼자 찾아와 차를 빌려갔다. 계약서엔 그녀의 휴대폰 번호와 지인의 연락처가 적혀 있었다. 차를 반납하기로 한 당일 여성과 연락이 닿지 않자 렌터카 업체는 지인의 연락처로 전화를 걸었고 곧 한 남성이 전화를 받았다. 그렇게 통화가 된 남성은 대여 기간을 하루 연장해 7월 16일에 차를 업체에 반납했다.

사건 발생 당일 최씨의 행적을 살펴보니 신씨와 일치했다. 그런데 최씨의 소재를 파악하던 경찰은 전혀 뜻밖의 장소에서 그를 찾아냈다. 그는 얼마 전인 2017년 12월 이미 또 다른 여자친구 김 모(22세) 씨를 살해한 혐의로 구치소에 수감된 상태였다. 최씨는 구치소에서 재판부의 1심 선고를 기다리고 있었다.

이때부터 이경사는 최씨의 과거 행적을 추적해나갔다. 성장 과정과 가정환경, 교우 관계, 범죄 전력까지 최씨와 관련된 모든 서류를 한 달에 걸쳐 밤낮없이 살폈다. 뒤죽박죽 섞인 용의자의 과거에서 일관성을 찾아 범행 가능성을 평가하는 것이 바로 프로파일러가 해야 할 일이었다.

"범행 가능성 평가에서 가장 중요한 건 '일관성'입니다. 프로파일러가 어떤 용의자에게 이른바 '꽂혔다'고 해서 자기 입맛대로 과거 행적들을 취합해선 안 돼요. 뒤죽박죽 나열된 과거 흔적들을 보면서 최씨라는 인물을 형상화하고 행동의 일관성을 찾아야 합니다."

이경사가 프로파일링을 통해 분석한 최씨의 가장 일관된 특성은 '충동성'이었다. 말다툼을 벌이다가 여자친구 김씨를 목 졸라 살해한 점, 사흘 뒤 모텔에서 스스로 목숨을 끊으려 시도했던 점 등이 충동적인 인물임을 보여주는 대표적 행동이었다. 범행을 숨기기 위해 김씨 휴대폰으로 유가족에게 문자메시지를 보내고, 사망한 김씨의 신용카드 등을 사용한 점 또한 최씨의 충동적 성향을 보여주는 지점이다.

여기에 더해 과거 최씨가 전투경찰로 복무할 때 근무지 이탈로 처벌받은 전력, 도박을 즐겨했다는 주변 사람들의 진술, 수입에 비해 과분한 고급 외제 차량을 선호한 성향 등도 충동적 범행의 가능성을 뒷받침하는 요인들로 평가됐다.

최씨가 신씨까지 살해한 정황이 짙어진 이상 신씨의 시신을 찾아내는 일이 중요해졌다. 그러나 단서가 부족해 최씨가 시신을 옮겼는지, 아니면 사건 현장에 암매장했는지 알 수 없었다.

이경사는 일단 수사팀으로부터 전달받은 렌터카 위치확인정보시스템(GPS) 자료를 분석하는 일부터 착수했다. GPS 자료에는 렌터카의 동선과 체류 시간이 고스란히 담겨 있었다. 이경사는 이렇게 분석했다.

"동선을 평가해보니 최씨의 상태가 상당히 불안해 보였습니다. 무언가에 쫓기듯 야산 주위를 바쁘게 움직이고 시내를 들락날락하는 모습이 그려졌어요."

이경사는 수차례 현장을 답사하고 온라인 '로드뷰'(실제 사진을 바탕으로 한 지도)를 통해 최씨의 동선을 따라갔다. 그러던 중 렌터카가 특정 장소에 머물렀다는 점을 발견했다. 야산을 방문할 때의 동선은 상당히 복잡하지만, 시내로 돌아와 머문 곳은 대부분 세차장이었다.

"불안한 동선을 보여주던 렌터카가 왜 그 시간에 세차장에 멈춰 섰는지를 생각해봐야 했어요. 무언가를 청소할 장소를 찾으

2017년 여자친구를 살해한 뒤 시신을 포천의 야산에 암매장한 최씨는 차량 외부뿐 아니라 내부까지 스팀 세차한 다음 렌터카 업체에 반납했다.

러 다닌 것이라면 그 이후 세차의 의미는 달라집니다."

실제 최씨는 신씨를 살해한 뒤 차량 외부뿐 아니라 내부까지 스팀 세차한 다음 렌터카 업체에 반납하는 치밀함을 보였다. 차에 남아 있을지도 모를 살해의 흔적을 지우려 그런 것 아니냐는 의혹이 제기됐다.

최씨가 사건 직후 다른 곳으로 이동하지 않고 야산을 맴돌다 곧장 세차장을 찾았다는 점에서 시신을 야산에 암매장했을 가능성이 높아졌다. 이제 문제는 시신을 유기한 정확한 지점을 찾는 것이었다.

2018년 2월 이경사와 수사팀은 GPS 자료에 토대해 포천의 야산 인근을 샅샅이 살펴봤다. 야산이지만 차량이 드나들 수 있는 곳, 인적이 드문 곳, 살해할 시간을 벌기 위해 주차가 가능한 곳 등을 고려해 장소를 특정했다.

암매장 장소를 대략적으로나마 특정했지만 이경사의 고민은 끝나지 않았다. 수색팀의 효율을 높이려면 수색 범위를 더 좁혀야 했다. 당시 최씨가 몰던 차량을 기준으로 암장 장소가 왼쪽인지 오른쪽인지를 두고 수사팀은 고민에 빠졌다. 왼쪽은 평평했지만 수풀이 우거진 곳이고, 오른쪽은 가파른 경사가 있었다. 수색을 시작한 시점은 겨울이지만 살해 추정 당시의 계절은 한여름이었다.

"처음엔 왼쪽일 가능성이 높다고 생각했죠. 하지만 최씨의 관점에서 보면 가장 중요한 건 '불안감'이 아닐까 하고 생각했어요. 인간은 불안을 느끼면 벗어나려고 하는데 사람을 죽일 정도라면 극도의 불안감에 시달렸다고 볼 수 있습니다."

불안감에 휩싸인 용의자라면, 남들 눈에 띄지 않는 것도 중요하지만 시야를 확보해 자신이 상황을 통제하고 있다는 안정감을 얻는 것이 절박하다. 게다가 암매장할 공간을 마련하려면 왼쪽 평지를 수직으로 파내는 것보다 오른쪽의 경사면을 파는 게 더 수월하다.

이렇게 살인자의 심리 특성을 활용한 추리 끝에, 피해자 신씨의 마지막 행적이 잡힌 지 8개월 만인 2018년 3월 13일 드디어

시신을 유기한 정확한 지점을 찾는 일이 관건이었다. 수사팀은 야산이지만
차량이 드나들 수 있는 곳, 인적이 드문 곳 등을 샅샅이 뒤졌다.

경찰은 렌터카가 있던 오른쪽 장소에서 신씨의 시신을 찾아냈
다. 시신은 백골화가 진행된 상태였지만 실종 당시 입었던 여름
옷가지 등은 그대로 남았다. 사인은 둔기 가격으로 인한 머리 손
상이었다.

　최씨의 손에 목숨을 잃은 피해자가 한 명이 아니라 두 명이 될
수도 있는 상황에서 결정적 단서가 발견되면서, 이제는 용의자
최씨의 자백을 이끌어내야 하는 상황이 됐다. 하지만 최씨는 신
씨의 죽음과 관련된 혐의에 대해 강력히 부인하면서 구치소에서

경찰의 접견과 거짓말탐지기 조사까지 거부했다.

수감자의 숨겨진 범죄가 뒤늦게 발견됐다 하더라도, 아무리 살인 사건 용의자라 해도 그 사람이 접견을 거부하면 규정상 경찰은 만날 수 없다. 최씨가 계속 조사를 거부하자 경찰은 살인 혐의로 체포영장을 신청했다. 용의자의 신병이 이미 확보된 상황에서 다시 체포한다는 것 자체가 이례적이지만, 법원은 경찰의 손을 들어줬다.

4월 12일 경찰은 체포영장을 발부받아 서울구치소에 구속 수감돼 있던 최씨를 50킬로미터나 떨어진 의정부경찰서 진술녹화실로 데려왔다. 이경사는 수사 초기에 진행한 범행 가능성 평가에서 모았던 최씨에 대한 정보에 토대해 신문 전략을 구성했다. 최대한 집중적이고 효율적인 신문 전략을 마련해야 했다.

"사이코패스 체크리스트라 불리는 정신병질자 평가척도(PCL-R)를 보면, 최씨는 26점으로 높은 수준으로 평가됐습니다. 최씨는 그중 여러 항목에 해당하지만 특히 '4번 병적인 거짓말'에 적합했죠. 이런 유형의 용의자에겐 일부러 거짓말을 하도록 유도하는 게 중요합니다."

최씨는 수사 초기 단계부터 수차례 거짓말을 밥 먹듯이 해 경찰을 애먹였다. 수사팀이 조사를 위해 구치소 접견을 신청하면 "조사를 받겠다"고 얘기해놓고 막상 찾아가면 접견을 거부해 헛걸음을 하게 만들었다. 심지어 변호사까지 속여 제3자가 신씨를 살해했다는 취지의 의견서를 수사기관에 제출하기도 했다.

최씨가 거짓말할 것을 예상한 이경사가 선택한 신문 전략은 '자유서술형'이었다. 예컨대 '2017년 7월 13일 야산을 갔느냐'고 구체적으로 질문하기보다는 '2017년 7월 13일에 무엇을 했느냐'고 포괄적으로 질문하는 식이다. 거짓말을 할 여지를 일부러 열어두는 기법이다. 최씨가 '신씨를 만나기는 했는데 금방 헤어졌다'고 거짓 진술할 경우, 함께 있었다는 증거 자료를 제시해 최씨를 압박할 수 있었다. 이경사는 "거짓말을 할 수 있지만 들통 났을 경우엔 자신에게 상당한 압박감이 돌아오므로 막다른 골목에 몰리면 결국 진실을 얘기할 수밖에 없죠"라고 설명했다.

결국 이경사가 세운 신문 전략의 도움을 받아 수사팀은 최씨로부터 살해 자백을 이끌어냈다. 또다시 거짓말을 하다가 궁지에 몰리자 실토한 것이다. 최씨는 여자친구 신씨가 자신의 전 여자친구를 모욕했다는 이유로 신씨를 살해했다고 털어놓았다. "뇌출혈로 숨진 전 여자친구 이야기를 하며 슬픔을 호소했는데, 공감하기는커녕 험담만 해서 화가 나서 범행을 저질렀다." 이경사가 애초 분석했던 최씨의 '충동적 특성'이 재차 확인된 셈이다.

경찰은 최씨가 두 여자친구를 살해한 동기를 수사하는 과정에서 석연치 않은 점을 하나 발견됐다. 이번 사건 직전인 2017년 6월 최씨와 3년 넘게 동거해오던 여성 조 모(23세) 씨가 뇌출혈로 병사한 것이다.

최씨가 애정을 쏟은 여성 세 명이 6개월 사이에 모두 세상을 떴다는 점에서 조씨의 사인을 두고 해석이 갈렸다. 하지만 특별한 외상 흔적이 없고 범죄로 의심될 만한 정황은 발견되지 않았다. 게다가 사망 직후 화장돼서 더 이상 사망 원인을 규명하기도 어렵게 돼 결국 경찰은 병사로 결론을 냈다.

여자친구 김씨는 원래 조씨와 친구 사이였다고 한다. 조씨가 사망한 후 최씨와 김씨는 친밀한 관계로 발전했다. 그 후 최씨는 김씨의 집을 찾았다가 김씨가 조씨에 대해 평소 행실이 좋지 않았다고 험담하기에 순간적으로 화가 나서 목을 졸랐다고 살해 이유를 밝혔다.

신씨도 조씨와 같은 직장에서 일해 서로 알던 사이였다. 조씨의 사망에 특별한 의미를 부여한 최씨가 크게 상심한 나머지 죄책감과 분노 등 불안정한 심리 상태를 겪다가 범행을 멈추지 않았다는 분석이 가능했다. 그래서 수사관들 사이에서도 조씨의 갑작스러운 죽음이 연쇄살인의 방아쇠가 된 것이 아니냐는 말이 나왔다.

하지만 경찰은 최씨가 피해자들의 돈을 가로채기 위해 범행을 저질렀을 가능성도 남겨두고 수사해나갔다. 최씨가 신씨를 살해한 시점은 신씨가 중고 자동차를 구입하기 위해 금융기관에서 최대 한도만큼 대출을 받은 직후였다. 범행 당시 피해자가 소지하고 있던 대출금을 가로챈 최씨는 그 돈으로 외제 차량을 대여하는 사업을 꾸려나갔다. 하지만 나중에 법원은 최씨가 금전적인 동기로 살인 범행을 저질렀다고 단정할 수는 없다고 했다.

다만 최씨는 마지막 순간까지 자신의 범행을 피해자들의 탓으로 돌리면서 후회하거나 뉘우치는 모습을 보이지 않았다. 특히 김씨에 대해서는 "조씨와 가장 친한 친구이고 조씨가 죽고 나서 내가 힘들어하는 것을 가장 잘 아는 사람이 왜 그런 얘기를 했는지 묻고 싶다"는 취지로 범행의 책임을 돌렸다. 최씨는 신씨의 시신이 발견되기 전인 2018년 1월 15일 경찰 조사를 받을 때도 신씨를 사건 당일 이후에도 만난 적이 있다고 적극적으로 진술했다. 나중에 경찰 조사에서 자백한 것도 그 이유는 반성이나 죄책감에서 비롯한 것이 아니라 객관적인 증거들 앞에서 더 이상 부인하기 어렵다고 판단해서였다.

2018년 10월 5일 김씨와 신씨를 살해한 혐의 등으로 기소된 최씨는 1심에서 무기징역을 선고받았다. 판결문에는 세 쪽에 걸쳐 이경사와 수사팀이 함께 작성한 수사 자료가 빼곡히 담겨, 최씨의 범행을 입증하는 데 인용됐다. 재판부는 "피해자들은 피고인에게 호감을 갖고 있거나, 친밀한 관계를 유지하던 20대 초반의 여성들이었다"며 "피고인이 자신들을 해칠 것이라고는 전혀 상상하지 못한 채 피고인을 따라 나섰거나, 피고인을 집에 들였다가 황망하게 짧은 생을 마감해야 했다"고 최씨를 질타했다.

항소심은 1심 판결을 그대로 유지했고, 2019년 7월 11일 대법원은 최씨의 상고를 기각하고 무기징역 형을 확정했다.

의정부 여자친구 연쇄살인 사건

사건 일지 _____

2017년 6월 최씨와 동거해오던 조씨가 뇌출혈로 사망한다.

7월 13일 피해자 신씨가 인천의 한 렌터카 업체를 혼자 찾아가 자신의 이름으로 렌터카를 대여한다. 그 차를 최씨가 운전해서 둘이 함께 포천 산정호수로 놀러 간다.

7월 14일 오전 10시쯤 최씨가 인근 야산에서 미리 준비해둔 둔기로 신씨를 살해한다.

7월 16일 최씨가 대여한 차량을 스팀 세차까지 한 후 반납한다.

11월 19일 신씨의 어머니가 의정부경찰서에 딸이 실종됐다는 실종 신고를 접수한다.

12월 19일 최씨는 사망한 이전 여자친구 조씨에 대해 모욕적인 말을 했다는 이유로 또 다른 여자친구 김씨를 김씨의 집에서 살해한다. 이후 서울강남경찰서에 붙잡힌다.

2018년 3월 13일 실종된 지 8개월 만에 신씨가 포천의 야산에서 싸늘한 주검으로 발견된다.

4월 13일   접견과 조사를 계속 거부하는 최씨를 조사하기 위해 경찰이 체포영장을 신청하고 이날 발부된다.

4월 15일   최씨가 경찰 조사에서 신씨를 살해한 사실을 자백한다.

10월 5일   서울중앙지방법원이 최씨에게 무기징역을 선고한다.

2019년 5월 9일   서울고등법원이 항소를 기각하고 원심을 유지한다.

7월 11일   대법원이 상고를 기각하고 무기징역을 선고한 원심을 확정한다.

의정부 여자친구 연쇄살인 사건

7

울산 자살방조 강간 추행 사건

"같이 죽으려 했다" 진술에 숨겨진 진실 밝혀낸
'자살 심리 부검'

"한경장, 사람이 자기 목숨을 끊는 게 쉬운 일이 아니잖아?"

연일 푹푹 찌는 무더위가 기승을 부리던 2018년 8월 22일 저녁. 울산남부경찰서 형사과의 강 모 경위는 울산경찰청 과학수사과 소속 프로파일러 한수영 경사(당시 경장)에게 다급히 전화를 걸어서 같은 질문을 되풀이했다.

엿새 전 들어온 '남녀 동반 자살' 사건을 두고 한 얘기였다. 자살을 시도한 직후 병원으로 옮겨져 곧바로 의식을 회복한 남자 정 모(44세) 씨는 홍 모(29세) 씨와 동반 자살을 한 것이라며 담당 수사관에게 자살 경위까지 술술 풀어냈다. 하지만 정작 정씨의 말을 믿기엔 의심쩍은 구석이 한두 군데가 아니었다.

여러 정황상 애초부터 정씨는 자살할 의지가 없었고, 오히려 다른 범죄를 위해 동반 자살로 위장한 게 아닌지 의심이 갔다. 하지만 막연한 심증일 뿐 물증이 전혀 없다는 게 수사팀의 고민이었다. 수사팀으로선 정씨가 정말 동반 자살을 할 의지가 있었는지를 밝히는 게 가장 다급한 숙제였다.

2018년 8월 17일 아침 6시 20분쯤 경찰에 울산 남구의 한 오피스텔에 불이 났다는 신고가 들어왔다. 경찰과 119 구급대원은 아침 6시 30분쯤 현장에 도착했다.

연기가 새어 나오는 집의 문을 부수고 들어간 구급대원의 눈에 들어온 것은 부엌에 쓰러져 있던 정씨였다. 정씨를 구출하는 동안 다른 구급대원들은 굳게 닫힌 안방 문을 열고 들어갔다. 문을 연 순간 검은 연기가 구급대원들의 눈을 덮쳤고, 연기 사이로 갈탄에 불을 피운 화로 2개와 간이 소파에 죽은 듯이 누워 있는 홍씨가 보였다. 두 사람은 즉각 병원으로 옮겨졌다. 하지만 금방 의식을 되찾은 정씨와 달리 홍씨는 바로 눈을 뜨지 못했다.

언뜻 두 남녀의 동반 자살 시도로 여겨지는 듯하던 사건은 3시간 만에 반전을 맞았다. 경찰은 두 사람의 신원을 조회하던 중 정씨가 9년 전인 2009년 동반 자살을 가장해 성범죄를 저지른 혐의로 징역 6년을 선고받은 전력이 있는 점을 발견했다.

그러고 보니 모든 게 이상했다. 동반 자살이라고 했지만 정작 연기가 새어 나가지 않도록 창문과 방문 틈새를 청테이프로 두른 안방엔 홍씨만 있고 정씨는 부엌에 누워 있었던 점, 이로 인해 정씨만 병원으로 후송된 직후 의식을 회복한 점 등이 그랬다. 이를 종합해볼 때 수사팀은 정씨가 동반 자살을 빙자해 성범죄를 저지른 것일 수도 있다고 봤다. 경찰은 곧바로 정씨를 긴급 체포했다.

하지만 예상과 달리 초기 수사는 마음먹은 대로 진행되지 않았다. 정씨가 경찰 조사에서 "지난 5개월간 다섯 번이나 동반 자살을 시도했다", "일용직 노동으로 번 5000만 원과 대출받은 5000만 원을 주식과 도박으로 탕진해 빚만 남은 상태라 삶의 의지가 없다"고 한 진술도 나름 일리가 있었다. 그는 동반 자살을 한 경위에 대해서도 막힘없이 풀어냈다.

동반 자살을 시도하기 전날 홍씨로부터 제안을 받고 자신의 차를 이용해 경기 동두천에 사는 홍씨를 만나러 갔으며, 그녀가 준비한 자살 도구를 싣고 함께 울산의 자기 집으로 왔다고 했다. 정씨와 함께 있었던 유일한 당사자인 홍씨가 의식이 없던 터라 경찰로선 정씨의 주장이 사실인지 거짓인지 입증하는 데 한계가 있을 수밖에 없었다.

직접증거를 확보하기가 여의치 않게 되자 수사팀은 한경사에 게 정씨에 대한 자살 심리 부검을 의뢰했다. 수사가 탄력을 받으려면 무엇보다 정씨에게 동반 자살할 의사가 있었는지를 입증하는 게 가장 중요했기 때문이다.

자살 심리 부검은 당사자의 대인 관계와 사회생활 등 생애 전반의 정보에 토대해 그 사람이 실제 자살하려는 마음을 품고 있었는지를 분석하는 프로파일링 기법이다. 특히 유죄를 입증할 직접증거를 확보하는 데 한계가 있거나, 여러 증거가 있는데도 피의자가 자백하지 않는 경우 이를 보완할 돌파구 역할을 한다.

정씨에 대한 자살 심리 부검을 위해 한경사를 포함한 프로파일러 다섯 명으로 분석팀이 꾸려졌다. 분석팀은 우선 정씨의 성향을 파악하고 이에 기초해 심층 면담을 진행한 뒤 정씨 진술의 신빙성과 범행 의도를 살펴보기로 했다. 성향 분석은 성격 검사와 심리 분석, 자살 위험성 평가 등 총 세 가지로 이뤄져 있다. 촘촘하고 세밀한 그물망에서 물고기가 빠져나갈 수 없듯 교차 검증을 통해 피의자의 심리 상태를 객관적으로 분석하기 위해서다.

아니나 다를까, 성향 분석을 해보니 정씨는 자살 위험성이 매우 낮은 사람이라는 결과가 나왔다. 정씨는 채무 관계로 자신의 현재 처지를 비관하고 자살하고 싶은 생각이 있기는 하지만, 자살을 실행할 행동력은 상당히 낮게 나왔다. 오히려 그는 만성화된 무력감을 겪고 있을 뿐 자살의 결정적 요인인 충동성과 분노는 나타나지 않았다.

정씨의 성향에 대한 분석이 나오면서 그동안 답보 상태에 있던 수사에도 속도가 붙었다. 수사팀은 자살 의지가 낮다는 성향분석 결과를 토대로 그동안 정씨가 진술한 내용에 모순은 없는지, 자살 의지가 없는 사람이 동반 자살을 꾀하면서까지 이루고 싶었던 범행 동기가 무엇인지를 찾는 데 주력했다.

그러던 중 병원에 입원해 있던 홍씨가 의식을 되찾았다. 천재일우의 기회였다. 수사팀과 분석팀은 완벽한 공조를 이뤄 정씨를 옭아맸다. 수사팀은 홍씨의 관점에서 사건의 정황을 다시 재구성해보고, 분석팀은 정씨에 대한 심층 면접을 진행해 홍씨의 진술과 어긋나는 점이 있는지를 분석했다.

범인이 자신 있어 하던 알리바이가 되레 범행 동기를 찾는 실마리가 되기도 한다. 정씨에 대한 자살 심리 부검이 그랬다. 앞서 정씨는 수사팀에 동반 자살에 대한 알리바이로 5개월 동안 다섯 차례 동반 자살을 시도했다는 점을 내세웠다. 그런데 이상한 점이 있었다. 동반 자살을 함께 시도했던 대상이 모두 여성이었기 때문이다.

여기에 홍씨의 진술이 사건을 해결하는 데 결정적 역할을 했다. 다량의 수면제를 복용하고 연기까지 흡입해 홍씨가 깨어나지 못하리라고 여긴 정씨는 홍씨가 진술하기 전까지 진짜 범행 동기를 밝히지 않았다.

경찰 조사에 따르면 정씨와 홍씨는 SNS 메신저로 대화를 주고받았는데, 홍씨가 처음 '함께 죽자'고 제안할 당시 정씨는 그 제안을 거부했다. 하지만 홍씨와 얼굴 사진을 주고받은 뒤 정씨는 갑자기 홍씨의 동반 자살 제안에 적극 동조하는 쪽으로 태도를 바꿨다.

"같이 가요. 혼자 힘들죠. 같이 해요. 우리 집에서 같이 해요."

정씨는 동두천에서 홍씨를 만나 자신이 운전하는 차량에 태우고 울산 집으로 데려온 뒤, 안방에 갈탄이 든 화로를 놓는 등 일련의 준비를 함께 했다. 그러다 거실에서 불이 붙기를 기다리던 중 갑자기 홍씨를 끌어안았다. 하지만 홍씨가 "소리를 지르겠다"며 뿌리치자 추행을 그만뒀다. 결국 정씨는 자신의 성적 욕망을 채우기 위해 홍씨의 동반 자살 제안에 보조를 맞춘 것이다.

수사팀은 정씨가 홍씨를 추행하다 멈춰선 행동 역시 배경이 있을 것이라고 봤다. 지난 2009년 정씨는 온라인에서 만난 미성년 여성 두 명에게 동반 자살을 권유하는 방식으로 접근했다가 "죽기 전에 한번 성관계를 하자"라며 강간을 시도한 혐의로 징역 6년을 선고받았다. 결국 당시의 기억이 학습 효과로 작용해 홍씨에 대한 성추행을 멈췄다는 게 수사팀의 분석이다. 혹시라도 홍 씨가 죽지 않고 살아나 성추행으로 고소하면 또다시 감옥살이를 하게 될 것을 우려했다는 것이다.

한경사는 "이런 일련의 과정을 살펴보면 정씨는 결코 자살을 실행할 사람이 아니었어요"라고 했다. 한마디로 이번 사건은 동반 자살을 가장한 추악한 성범죄였다.

정씨에게 동반 자살은 자신의 그릇된 성욕구를 충족하고 증거를 인멸하기 위한 수단이었다. 정씨에게 자살할 의사가 없었다는 점을 입증하지 못했다면, 정씨는 이후에도 아무렇지 않게 여성을 먹잇감으로 여기며 동반 자살의 손을 내밀었을 가능성이 다분했다.

수사팀은 프로파일링 분석에 토대해 정씨에게 자살방조미수뿐 아니라 강제추행 혐의까지 적용했다. 2019년 1월 24일 울산지방법원은 자살방조미수 및 강제추행 혐의로 재판에 넘겨진 정씨에게 징역 3년을 선고했다. 재판부는 "피고인은 피해자가 잠이 든 후 피해자를 놔둔 채 거실로 나와 잠을 잔 것으로 보이고, 신고를 받고 출동한 경찰과 소방관이 주거 내로 들어오자 바로 의식을 차리고 일어난 점"을 들어 정씨에게 자살 의사가 없었다는 점을 인정하며, "피고인이 자살을 빙자해 성범죄 대상을 물색하거나 자살을 시도하는 과정 중에 성범죄를 시도했을 가능성이 높아 보인다"고 판시했다.

8.13.	06:06	피의자: 진짜 혼자 하세요 ㅋ 불도 다 피우고
	↓	
8.15.	01:14 ↓ 01:16	피의자: 서로 얼굴이나 좀 교환할래요? 이것도 인연인데 피의자: (싫다고 하다가 자기 사진 먼저 보냄) **피해자: (자기 사진 보냄)** 피의자: 누님은 이뿌시네요
	↓	
8.15.	17:04	(피해자가 갈탄에 불이 잘 붙어줄지 걱정을 표현하자) 피의자: 걱정되시면 같이 ^^;; ①
	17:40 ↓ 17:43	(피해자가 불만 잘 붙으면 되는데 그게 너무 걱정된다 하니) 피의자: 저 잘붙임 ② 피해자: ㄷㅂ안해용 ㅋㅋ 피의자: 같이가요 안외롭게 ③ 피해자: 쏘리
8.16.	00:44	피의자: 누나 울집에서 같이하자 화로 2개로 ④ 데리러갈수있음 ① (피해자 답하지 않고 다른 주제 대화)
	01:01 ↓ 01:21	피의자: 누님 혼자 힘들죠. 같이해요 ⑤ 피해자: 차에서하는거면 콜요.. 피의자: 근데 차가작아서 (안된다는 뉘앙스) 피해자: 진짜다끕게에요 피의자: 안되면. 누나집에서. 그럼 갈께요. ② 어때요? (중략) 피의자: 우리집에서 같이해요. 화로2개로 ⑥ 피해자: 너무멀어.. 피의자: 데리러감 ③ (중략)

울산 자살방조 강간 추행 사건 피의자와 피해자가 SNS 메신저로 나눈 대화를 분석한 내용.
사진 울산경찰청

특히 수사팀과 프로파일러가 공조해 작성한 프로파일링 보고서는 검찰에서는 피의자의 자살방조를 입증하는 증거로 쓰이고, 더 나아가 법원 판결문에서는 증거로 인용되는 쾌거를 이뤄냈다. 한때 간접증거로만 여겨지던 프로파일링 보고서가 과학적 수사 증거로 기능할 수 있음을 보여주는 대목이다.

항소심은 1심 판결을 유지했고, 대법원은 2019년 9월 상고를 기각하고 징역 3년을 확정했다.

울산 자살방조 강간 추행 사건 경과 _____

2009년 6월 정씨는 미성년 여성 두 명에게 동반 자살을 권유하는 방식으로 접근했다가 강간을 시도한 혐의로 촉탁살인 미수죄 및 강간치상죄 등으로 징역 6년을 선고받는다.

2018년 6월 정씨는 SNS상에서 동반 자살 커뮤니티를 통해 알게 된, 자살에 관심을 갖는 불특정 다수에게 쪽지를 보내고 정보를 교류한다.

8월 16일
새벽 5시쯤 정씨가 외출했다가 돌아와 취침한다.

아침 8시 56분 정씨가 피해자 홍씨로부터 자살 시도를 하자는 제안을 받는다.

오전 10시 40분 정씨가 울산을 출발해 동두천으로 이동한다.

오후 5시 동두천에 도착해 홍씨와 만난 뒤 곧바로 홍씨를 데리고 울산 집으로 출발한다.

밤 11시쯤 두 사람이 울산에 도착한다. 안방에서 화로에 불을 피우는 등 자살 준비를 한다.

8월 17일 새벽 4시쯤 두 사람이 수면제를 복용하고 불을 피워놓은 안방으로 들어간다. 도중에 정씨 혼자 안방에서 빠져나온다.

아침 6시 20분 울산 남구의 오피스텔에 불이 났다는 신고가 들어온다. 두 사람은 출동한 구급대원들에 의해 구출돼 병원으로 후송된다.

오전 9시 25분 신원을 조회하던 경찰이 정씨의 범죄 전력을 확인한 뒤 그를 긴급 체포한다.

2019년 1월 24일 울산지방법원은 자살방조미수 및 강제추행 혐의로 기소된 정씨에게 징역 3년을 선고한다.

6월 20일 부산고등법원은 항소를 기각하고 원심을 유지한다.

9월 대법원은 상고를 기각하고 징역 3년을 선고한 원심을 확정한다.

울산 자살방조 강간 추행 사건

> 넓은 시각에서 피의자의
> 주변부까지 바라볼 때
> 결정적 증거가 보입니다

"자살 심리 부검은 감정을 통제한 상태에서 상대의 심리를 분석해야 하는 수사 기법 중 하나예요. 그래야 다양하고 풍부한 정보를 획득할 수 있어요."

울산 자살방조 강간 추행 사건 수사에 프로파일러로 투입된 한수영 울산경찰청 과학수사과 경사는 자살 심리 부검 전문 수사관이다. 자살로 알려진 사건에 투입되어 심리 분석을 통해 타살 여부와 진실을 밝히는 수사관이다.

울산경찰청 근처의 한 카페에서 만난 한경사는 "상대의 심리를 분석할 때 한쪽으로 치우치지 않아야 해요"라고 했다. "좀 더 넓은 시각에서 상대의 주변부까지 바라볼 때 결정적인 증거를 발견하거나 진실을 끌어낼 수 있는 라포 형성이 가능해집니다."
일례로 피의자에 대한 심리 분석을 하기 위해 한경사가 처음 꺼
낸 질문은 다름 아닌 "당신의 책장에 책이 꽂혀 있던데 책 내용
이 뭔가요"라는 질문이었다. 상대의 주변 환경을 미리 숙지한 상
태에서 성향을 분석한 뒤 면담에서 호기심을 유발하는 질문을
던짐으로써 라포를 형성할 계기를 마련한다. 라포는 면담에서
조사자와 피조사자 사이에 형성하는 신뢰와 친근감을 말한다.

경찰 프로파일러 중 자살 심리 부검을 위해 미국 워싱턴 DC에
있는 자살부검센터 본원에서 훈련을 받은 자원은 한경사가 유일
한 것으로 알려졌다. 지난 2018년 한경사는 행정안전부의 파견
연수를 통해 미국자살예방협회에서 진행하는 '경찰 수사 단계에
서 심리 부검 및 프로토콜 개발 연구'를 주제로 한 훈련을 받았
다. 자살부검센터 본원은 '현대 자살학의 아버지'로 불리는 에드
윈 슈나이드먼Edwin Shneidman 박사가 전 세계 최초로 세운 자
살 연구 전문 기관으로, 자살 원인에 대한 연구를 진행하고 자살
분석 전문가를 위한 양성 과정을 운영하는 곳이다.

자살 심리 부검 같은 프로파일링이 수사의 객관성을 보장하고
과학적 보고서로 채택되려면 다양한 기법을 통한 교차 검증이
요구된다. 이 때문에 수사팀과의 공조도 절실하다. 한경사는 "체
계적이고 객관적인 답을 내리기 위해선 다양한 정보값이 필요해
요"라고 말했다. "폭력위험성 평가(HCR-20), 사이코패스 판정도
구(PCL-R) 등 여러 검사를 실시해야 하고, 범죄심리사와 임상심

리사 같은 전문 인력도 필요합니다."

8

안인득 방화 살인 사건

자신이 피해자라고 되뇌던 안인득,
다섯 번 면담 끝에 속을 드러냈다

"진주에 사건 났다, 빨리 가봐라."

2019년 4월 17일 동이 틀 무렵, 경남경찰청 소속 프로파일러 방원우 경사는 현장 투입 지시를 받자마자 바로 진주로 달려갔다. 몇 시간 전인 새벽 4시 30분쯤 진주의 한 아파트에서 화재가 발생했다. 한 남성이 자신의 집에 휘발유를 뿌리고 불을 지른 뒤 그 아비규환 중에 비상계단으로 대피하던 아파트 주민들을 향해 흉기를 휘둘렀다. 사망자 다섯 명, 부상자 17명. 바로 안인득 방화 살인 사건이다.

방화와 살인의 증거가 명백하고 수많은 목격자가 있으며, 이미 피의자까지 검거된 상황이었다. 언뜻 프로파일링이 필요 없는 사건처럼 보였다. 하지만 도대체 왜? 안인득의 범행 동기는 무엇이었을까. 프로파일러는 이 질문에 답을 내놓아야 했다.

경찰에 붙잡힌 안인득은 횡설수설하며 알아들을 수 없는 말만 되풀이했다. 수년간 병원에서 임상심리사로서 환자들의 정신 질환을 진단하다 경찰관으로 전직한 방경사가 나서야 할 상황이었다. 방경사는 해답을 얻기 위해 면담실에서 안인득과 마주 앉았다.

체포 당시부터 안인득과 정상적인 대화는 불가능했다. 그는 "내가 바로 피해자이고, 나는 나를 괴롭히는 세력으로부터 스스로를 보호하려고 했다"는 말만 반복했다. 안인득이 내뱉는 말은 대화라기보다는 독백에 가까웠다. "기분이 어떤가", "칼에 베인 손가락은 괜찮은가"라고 물어봤지만 답을 하는 둥 마는 둥 했다. 그러다가 "누구도 나를 돕지 않아서 직접 나설 수밖에 없었다"는 말로 되돌아갔다. 누가 봐도 수사는 도돌이표였다.

방경사는 처음에 안인득이 거짓으로 진술한다고 의심했다. 감형을 염두에 두고 정신 질환자인 것처럼 연기할 수도 있겠다 싶었다. 하지만 안인득은 자신의 범행을 부인하지는 않았다. 감형을 노린다고 보기에는 상식적으로 납득되지 않는 점이 많았다.

면담하고 30분 만에 방경사는 안인득이 가진 질환을 망상 장애(실제 사실과 다른 잘못된 믿음을 고수하는 것)로 진단했다. 망상 증상이 심할 경우 환자는 전혀 연관성 없는 사회적 갈등이나 피해 사실을 자신의 상황과 결부시킨다. 안인득이 언론을 향해 "국정 농단은 나를 해하려는 세력에 의해 일어났다"는 등 말도 안 되는 주장을 한 것이 바로 망상 장애의 증거였다. 객관적 정보와 주관적 사고를 접목시켜 자신만의 새로운 믿음을 만들어내는 것이다.

안인득은 통상의 조현병(정신분열병·인격의 여러 측면에서 광범위한 이상 증상을 일으키는 정신 질환) 환자와는 달랐다. 조현병 환자는 개인의 위생 관리가 잘 안 되거나 대화 방식이 현실과 동떨어져 있는 경우가 많다. 하지만 안인득의 경우엔 손톱이 깔끔히 정리돼 있는 등 위생 관리가 잘 되어 있는 편이었다. 방경사는 "안인득은 외관상 정신 질환자라기보다, 화가 많이 나 있는 사람으로 인식될 수 있다"고 지적했다.

범행 장면까지 똑똑히 기억하는 안인득에게서 죄의식과 윤리 의식은 찾아볼 수 없었다. 방경사는 "안인득은 본능적으로 노인, 여성, 어린이처럼 자신보다 약한 사람만 공격했다"고 분석했다. "피해자에게 잠깐 미안함을 표하고는 다시 10여 년 전 자신의 이야기로 돌아간다." 안인득은 처음부터 끝까지 자기 안의 폐쇄적 사고에 갇혀 있었다.

이튿날 두 번째 만남에서 방경사가 인사를 건네자 안인득은 처음으로 희미한 미소를 보였다. 방경사는 "이야기를 들어주니 나에 대해 자기편에 서는 것처럼 인식했다. 주변에서 자신을 괴롭힌다는 '세력'과 나를 다르게 보았다"라고 되짚었다. 라포라고 하는 신뢰 및 친밀감이 형성되자, 안인득은 감춰둔 속마음을 꺼내기 시작했다.

세 번째 면담에서 안인득은 학창 시절 얘기들을 꺼냈다. 운동을 배우고 또래에 비해 정의롭게 살려고 노력했다는 회상부터, 중학생 때 괴롭힘을 당하던 약한 친구를 위해 대신 나서기도 했다는 내용까지 언급했다. 방경사는 "과거에는 증상이 없었다는 확신이 들 만큼 일상적인 이야기가 가능했다"고 회고한다. "안인득은 자신은 정의로웠다는 식의 결론에 말을 맞추는 게 아니라, 겸연쩍고 쑥스러워하는 모습까지 보였다. 그때는 거짓말이 아닐 수 있겠다고 판단했다."

네 번째 면담에선 안인득이 자기 증상을 자세히 묘사했다. "주변에서 당신을 어떻게 괴롭혔느냐"는 질문에 안인득은 "윗집에서 뿌린 독충이 천장과 벽 등 집 안 곳곳을 돌아다닌다"고 답했다. 입원 경험이 있는 정신 질환자는 자신의 증상을 묘사하기를 꺼려한다. 주변에서 정신 질환자로 취급하고 더는 이야기를 들어주지 않아서다. 그와 달리 안인득은 "독충의 종류가 다양하고, 빨리 움직여서 명확히 말하기 어렵다"는 식으로 눈에 보였던 것들을 설명했다. 기나긴 면담 끝에 안인득이 망상 장애와 조현병은 물론, 환시(실재하지 않는 것을 마치 보이지 않는 것처럼 느끼는 것) 증상도 갖고 있다는 걸 밝혀냈다.

한창 분풀이를 하듯 말하던 중에 이야기가 가족 문제로 넘어가면 안인득의 말수는 급격히 줄었다. 안인득은 "부친과 함께 살다가 문제가 있어 떨어져 살게 됐다", "형님과는 연락을 자주 하지 않는다"는 등 객관적 상황만 묘사했다. 가족과의 친밀감이나 정서적 교감에 대해선 전혀 표현하지 않았다.

프로파일러가 바라본 안인득은 '현실을 검증하는 능력은 떨어지지만 일상생활에 적응하는 능력은 충분한 사람'이었다. 범행 전에 피해자들의 집을 방문해 항의하거나, 현관문에 오물을 뿌리는 등 위력을 과시했다는 점을 볼 때 자기 불만을 표출하고 대화를 시도하는 능력은 있었다. 반면 다른 사람의 감정과 상황을 파악하는 능력은 떨어진 상태였다.

닷새 연속 이어진 면담 끝에 방경사는 안인득이 정신 질환자가 맞다고 결론 내렸다. 자기 증상에 매몰돼 있어서 일반적인 대화는 불가능하지만, 진술에 일관성이 있고 거짓을 말하는 것은 아니라고 판단했다. 안인득은 진심으로 자신이 피해를 입었다고 생각하며 자신을 방어하기 위해 남을 공격했다고 믿고 있었다.

이 사건의 판결문에 따르면 안인득은 가정 형편이 어려워 체육고등학교에 진학할 꿈을 포기하고 일찌감치 생활 전선에 뛰어들었다. 친형의 진술을 보면 안인득은 2008년 창원의 한 공장에서 상차 일을 하다 허리를 다쳤지만 일용직 하청 업체 소속이라 산업재해로 인정받지 못했다고 한다. 그즈음 자신만 불공평한 대접을 받고 있다는 불만에 휩싸이면서 안인득의 망상은 시작됐다. 회사 사람들이 자신을 쫓아다니며 감시한다고 생각했다. 집에 들어가지 않고 승합차에서 생활하면서 가족과도 불화가 생겼고, 이후 아픈 허리 때문에 일자리를 얻을 수 없게 되면서 경제적 곤란을 겪었다.

시간이 지날수록 안인득의 증상은 점점 더 심해졌다. 2010년 5월 안인득은 회사에서 자신을 감시하라고 보낸 사람이라고 생각해 타인에게 칼을 휘둘러 상해를 입혔다. 치료감호소에서 조현병 진단을 받고 보호관찰을 받아오던 중 이듬해 1월 정신병원에 강제로 입원됐다. 9개월 후 퇴원하고는 굴삭기 기능사 자격증을 취득해 잠시 경제활동도 했다. 한 달에 한 번 약 처방을 받아 복용하고 진료를 받아왔으나 2016년 7월 이후엔 병원에 가지 않았다.

2016년 12월 사건 현장인 아파트로 이사한 뒤로는 혼자 살면서 이웃 주민들이 자신을 욕하고 자신에 대해 험담한다고 생각했다. 나중에 경찰 조사에서 안인득은 아파트 단지 내를 돌아다니다 보면 엘리베이터나 로비에서 그런 이야기를 하는 소리가 들렸다고 진술했다. 조현병 치료를 중단한 상태에서 아파트의 CCTV를 보고 자신을 감시하기 위해 몰래카메라를 설치했다고 항의하기도 했다. 하지만 가족과는 연락을 하지 않았다.

범행 직전의 행적을 보면 행동의 공격성이 점점 뚜렷해졌다. 2018년부터 아파트 이웃들의 집에 여러 차례 오물을 투척했고,

2019년 4월 17일 화재로 검게 그을린 진주의 아파트에서 경찰이 현장을 조사하고 있다. 사진 진혜원

사건이 발생하기 석 달 전인 2019년 1월에는 지난날 자신에게 약을 탄 커피를 줬다며 자활센터 직원들을 폭행하기도 했다. 4월 2일 새벽엔 베란다 문을 열고 "위층에서 벌레를 내던지는데 관리사무소는 뭘 하냐"며 고성을 질렀다.

안인득은 3월쯤 자신의 집에 휘발유를 뿌려 불을 지른 다음 대비하는 주민들을 기다렸다가 평소 분노를 키워온 이들을 대상으로 범행하기로 마음먹는다. 이후 3월 하순에 시장에서 흉기를 구입하고, 범행을 실행하기 3시간여 전에 주유소에서 휘발유를 구매하는 등 범행을 계획했다. 방경사는 "피해망상이 있으면 공격성을 띠기 쉽다. 관리되지 않은 기간도 길고 망상 증상도 있어 범행할 환경이 맞아떨어졌다"며 안타까워했다.

1심을 맡은 창원지방법원은 안인득에게 사형을 선고했다. 하지만 항소심은 "피고인은 조현병으로 인해 사물을 변별할 능력이나 의사를 결정할 능력이 미약한 상태에서 범행을 저질렀다"며 심신미약을 인정해 무기징역을 선고했다. 특히 재판부는 심신미약을 인정하는 과정에서, 안인득의 망상이 시작된 시점을 공장에서 허리를 다친 뒤 산업재해로 처리되지 않아 불만을 품은 당시로 추정한 프로파일러의 분석을 판결문에 인용했다. 이런 점 등을 감안해 재판부는 "피고인을 사회로부터 영구히 격리할 필요가 있어 보이지만, 범행을 오롯이 피고인만의 책임으로 보기는 어렵다"고 양형 이유를 밝혔다. 대법원은 2020년 10월 무기징역을 선고한 원심을 확정됐다.

방화 살인범 안인득이 범죄를 저지르기까지 _____

2008년   창원의 공장에서 상차 일을 하던 중 허리를 다쳤으나 산업재해 보상금을 받지 못한다. 이때 디스크로 고생하면서 망상 장애가 시작된다.

2010년 5월   자신을 감시한다는 이유로 타인에게 칼을 휘둘러 상해를 입힌다.

8월   치료감호소에서 조현병 진단을 받는다.

2011년 1월부터 10월까지   가족들이 정신병원에 강제 입원시킨다.

2016년 7월 이후   병원에 다니지 않으면서 조현병 치료를 중단한다.

12월   나중에 사건 현장이 되는 아파트로 이사를 온다. 이후 같은 동 주민들이 모여 자신을 욕하고 험담한다는 생각에 빠져든다.

2018년 9월   피해자들 집의 현관문 앞에 오물을 뿌리고 피해자에게 계란을 던지는 등 계속 괴롭힌다.

안인득 방화 살인 사건

2019년 1월 17일	진주의 자활센터에서 지난날 자신에게 약을 탄 커피를 줬다며 직원들을 폭행한다.
3월 10일 밤 10시 25분쯤	한 호프집 앞에서 호프집 주인 및 손님과 시비가 붙어 쇠망치를 휘두르며 폭행한다.
3월 12일	다시 피해자들 집의 현관문과 복도 쪽 창문에 오물을 뿌린다.
3월쯤	자신의 집에 휘발유를 뿌려 불을 지른 다음 대비하는 주민들 중 평소 분노를 키워온 피해자들을 살해하기로 마음먹는다.
4월 2일 새벽	베란다 문을 열고 "위층에서 벌레를 내던지다"며 고성을 지른다.
4월 17일 새벽 4시 30분쯤	진주의 아파트에서 방화 살인 사건을 저지른다.
11월 27일	창원지방법원은 살인 등 혐의로 기소된 안인득에게 사형을 선고한다.

**2020년
6월 24일** 부산고등법원은 안인득에게 무기징역을 선고한다.

10월 29일 대법원이 무기징역을 선고한 원심을 확정한다.

> # 임상심리사 출신 프로파일러,
> # "사건보다는 사람에게 더
> # 집중하고 싶다"

"빠른 판단을 내리고, 업무 해결을 중심으로 생각하려고 한다. 병원에서 근무할 때부터 몸에 밴 습성이다."

경남경찰청에서 만난 과학수사과의 방원우 경사는 2015년 프로파일러 특채로 선발됐다. 임상심리학 학사·석사를 마치고 6년간 대학병원 등에서 정신 질환을 진단하는 업무를 맡은 경력을 인정받았다. 범죄심리학을 전공하지도 않고 경찰 업무를 경험한 적도 없어 이례적이라는 평이 많았다고 한다.

방경사는 2010년 대구가톨릭대 심리학 석사 과정을 마치고, 대구 정신건강증진센터를 거쳐 성동병원, 경북대병원에서 정신 보건 분야 임상심리사로 일했다. 면담과 상담을 통해 환자의 심리적 기질을 이끌어내고 의사의 진단을 확인하는 역할을 맡았다. 특히 수많은 정신 질환자를 보며 진단에 필요한 내용을 구체적으로 파악하는 데 공을 들였다. 방경사는 "보통 20~30분 안에 정신 질환 여부를 확신한다"며 빠른 판단력을 자신의 장점으로 꼽았다.

방경사는 자신의 역할이 "게이트 키핑"이라고 말했다. 이에 대해 "정신 질환이 있는 피의자의 말이 현상인지 증상인지 구별해야 수사 범위를 좁힐 수 있다"고 설명했다. 우선 소통을 해야 피의자의 동기도 파악할 수 있다. "병명은 나중에 진단하더라도, 우선 이상이 있는지 없는지를 최대한 빨리 파악해야 한다." 그가 정신 질환 여부를 판단하면, 이후 수사 방향은 달라진다.

방경사는 정신 질환자를 대할 때 "특별하지 않게 대하는 게 비결"이라고 밝혔다. "정신 질환자가 경찰서에서 수갑을 차고 있는데 낯선 사람이 말을 걸면 더 당황한다. 괜찮은지, 혼란스러운지를 여러 차례에 걸쳐 질문한다." 그러면서 그는 "사건보다는 사람에게 더 집중하고 싶다"고 말했다.

2016년에야 임관했지만 사실 경찰관은 방경사의 오랜 꿈이었다. 제대한 뒤 가세가 기울어 건설 현장과 노래방, 주점 등에서 아르바이트를 하며 잠시 꿈을 잊고 살았다. 취업과 결혼, 두 아이 양육으로 정신없이 살던 중 2014년 우연히 본 프로파일러 특채 공고에 지원했다. 방경사는 수많은 사람을 만났던 일화들을 들려주면서 "사람 대하는 노하우를 직접 부딪치며 배웠다"고 웃으며 말했다.

방경사는 "범행과 사람을 구분할 줄 알아야 한다"는 각오를 밝혔다. "2016년에 창원 무학산 살인 사건의 피의자가 잡혔을 때 2시간 면담 내내 사죄하며 펑펑 우는 모습을 봤다"라며 "나조차도 흉악범에 대한 편견이 있었다"고 회고했다. 그러면서 "사람들이 정신 질환자에 대한 선입견을 갖지 않도록 계속 노력하겠다"고 덧붙였다.

9

현직 프로파일러들이 말하는 오해와 진실

"우린 초능력자 아니에요,
과학·직관으로 파헤치는 협업 수사 지원군"

13명을 살해하고 20명에게 중상을 입혀 2007년 사형을 확정받은 연쇄살인범 정남규. 경찰이 정남규의 집을 압수수색했을 때 책장에는 프로파일러의 인터뷰 기사와 사진이 스크랩돼 있었다. "담배는 끊어도 살인은 못 끊겠다"고 말할 정도로 극악했던 정남규에게도 프로파일러는 연구하고 탐구해야 할 대상이었던 셈이다. 정남규뿐 아니라 요즘도 치밀한 완전범죄를 노리는 범죄자들은 프로파일러들이 등장하는 기사나 책을 읽으며, 프로파일러의 접근법과 날카로운 분석을 피해갈 수법을 찾고 있다고 한다.

이렇게 프로파일러는 일반 국민뿐 아니라 범죄자에게도 상당한 관심의 대상이 됐다. 특히 영화나 드라마를 통해 프로파일러가 '해결사'와 같은 초월적 능력을 갖춘 이로 묘사되면서, 이들의 역할과 위상을 둘러싼 오해도 적지 않다.

정말 그럴까. 취재 중에 만난 프로파일러들은 "우리는 점성술사도, 해결사도 아니고, 수사 지원을 하는 사람들"이라고 스스로를 정의했다. 프로파일러의 구체적인 역할과 실제 활동 사례를 듣기 위해 서울 서대문구 미근동 경찰청사에서 경찰청 소속 프로파일러 백승경 경위와 임흠규 경사, 한상아 경사를 만났다.

총 37명 프로파일러들이 경찰청을 포함한 전국 경찰관서에 분산돼 근무하고 있다. 경찰청에서 만난 프로파일러 세 명은 각 지역 경찰청이 맡고 있는 사건을 지원하고 축적된 데이터에 토대해 범죄를 분석하는 역할을 맡고 있다.

국내에 프로파일링 기법이 도입된 때는 2000년대 초반이다. 1990년 이전까지만 해도 살인의 이유는 원한이나 치정, 금전 문제 정도의 수준을 벗어나지 않았다. 그러나 1990년대 중반 지존파와 막가파처럼 기존의 논리로 설명할 수 없는 조직범죄가 등장했고, 2000년대에 접어들면서 유영철과 정남규, 강호순 같은 무고한 피해자를 노리는 연쇄살인범이 잇달아 나타났다.

2006년 프로파일러로 선발된 백경위는 "한국에서 프로파일링이 시작된 초기는 기존의 수사 방식으로는 해결할 수 없는 '이상범죄'가 증가하던 시기였다. 해외의 프로파일링 기법 등을 공부

하던 경찰관들 사이에서 이를 국내에 적용해보자는 의견이 나왔
고, 권일용 전 경정 등을 선발하면서 본격적으로 도입했다"고 설
명했다.

　프로파일링의 주요 목적은 범죄자의 범행 동기를 밝히는 것
이지만 거기서 그치지 않는다. 사건 현장과 기록을 분석해 사건
해결의 실마리가 될 정보가 나오면 수사팀과 공유한다. 모든 사
건에 프로파일러가 투입되는 것도 아니다. 보통 수사팀의 요청
을 받고 투입되는데, 스스로 분석이 필요하다고 판단되는 사건
이 있는 경우 프로파일러가 자발적으로 합류한다. 한경사는 "최
근엔 묻지마 살인이나 피의자가 분노·충돌 조절 장애가 있을 때
주로 지원 요청이 온다"며 "사회적으로 큰 이슈가 된 사건이나
일반적 상식에서 벗어나는 사건도 다수 담당한다"고 말했다.

프로파일러를 둘러싼 다섯 가지 질문

　프로파일러를 둘러싼 세상의 편견에 대해 프로파일러 세 사람
이 솔직하게 자신들이 처한 현실과 한계를 말했다.

1. 사건 기록만 보고도 범인을 특정한다?

　백경위　그럴 수는 없다. 사건 기록도 사람이 작성하는 것이라
작성자의 견해와 해석이 녹아들 수밖에 없다. 프로파일러가 직

접 현장에 나가는 것은 당연하고, 수사관과 검시관, 현장 감식요원 등 모두와 의견을 공유한다. 아무리 자세한 현장 사진이 남아 있다 해도 이러한 절차를 거치지 않고는 구체적인 분석을 할 수 없다. 직접 관찰하는 것이 가장 좋은 방법이라 사건 현장에는 꼭 가보려고 한다.

실제로 2013년 '인천 모자 살인 사건' 당시 투입된 이진숙 인천경찰청 경위는 어머니와 동생을 살해한 피의자 정씨의 아내와 유대감을 키우기 위해 한집에서 같이 잠을 잔 적도 있다고 한다. 피의자의 아내가 평소 프로파일러를 꿈꿔온 덕에 사건 초기부터 라포 형성이 잘됐는데, 이경위와 함께 자고 일어난 아침 그녀는 시신이 묻힌 장소로 안내했다.

2. 직관에만 의존해 과학적이지 않다?

임경사 흔히 알고 있는 물리학이나 화학 같은 분야처럼 이론적으로 증명되는 과학 영역은 아닐 수 있다. 하지만 프로파일링은 큰 범주에서 사회과학으로 봐야 한다. 프로파일링은 범죄학과 심리학 등에서 도출된 이론을 활용해 진행된다. 심리학은 사람이 두려움을 느끼거나 거짓말을 할 때 어떤 행동을 하는지 등을 통계학적으로 도출해놓은 학문이고, 범죄학은 범행 동기를 유사한 방식으로 이론화한 학문이다. 이를 수사에 접목한 프로

프로파일러가 수사팀에게 '저 사람이 범인'이라고 특정하는 경우는 없다.
범인의 유형이나 탐문 방법 등을 조언하는 식으로 수사를 지원한다.

파일링이 과학과 동떨어져 있다고 보기는 힘들다.

　　백경위　직관이 필요한 것은 맞다. 피의자의 범죄 동기를 파악하려면 관찰력을 기반으로 하니까. 때로는 피의자의 심리와 일치가 돼 그의 행동 패턴을 분석해야 하기에 공감 능력도 중요하다. 그렇다고 사실에 근거하지 않은 내용을 프로파일링 보고서에 담거나 프로파일러 개인의 감상평을 수사팀에 전달하지는 않는다.

3. 사이코패스나 연쇄살인범만 면담한다?

　　한경사　그렇지 않다. 사이코패스나 연쇄살인범의 수가 많지 않아서 이들이 가담한 범죄만을 다룰 수는 없다. 물론 살인 및 강도 피의자 등 강력범죄자를 주로 면담하는 것은 맞지만, 어떤 때는 강력범죄가 아니더라도 사건을 의뢰하는 경우가 있다. 용의자나 피의자의 진술 신빙성이 의심된다거나, 자살 사건인데 타살을 의심해볼 구석이 있는 사건 말이다. 면담의 횟수는 정해져 있지 않으며 '해결될 때까지' 진행한다.

　　임경사　최근에는 범죄자를 면담해 사건을 분석하는 일뿐 아니라, 지리적 프로파일링에도 힘쓴다. 예컨대 연쇄 범죄가 있다고 하면, 그 범죄의 발생 위치나 공간적 특성을 분석해 용의자가 있

는 곳이나 다음 범행이 예상되는 곳을 예측하는 과학수사 기법
이다. 거리 함수와 공간 통계 등이 사용된다. 국내에선 한국형 지
리적 프로파일링 시스템인 '지오프로스'의 기능이 많이 확대돼
경찰청과 각 지역 경찰청뿐 아니라 일선 형사들도 활용하고 있
다.

4. 미제 없이 100퍼센트 성공시킨다?

백경위 사람들의 기대가 큰 것은 알지만 그렇지는 않다. 가끔
현장 수사팀에서 범인을 특정해달라고 요청해 올 때가 있다. 하
지만 프로파일러들은 범인의 연령대나 동기, 범죄를 저지를 만
한 유형이나 유리한 탐문 방법 등을 조언하는 식으로 지원하며,
'저 사람이 범인'이라고 지목하는 경우는 없다. 오랫동안 풀리지
않은 미제 사건을 담당할 때도 있는데, 자료가 충분치 않으면 프
로파일러들 역시 사건을 해결하는 데 어려움을 겪는다.

5. 자문에 불과할 뿐 법적 효력이 없다?

한경사 그렇지 않다. '프로파일링 보고서'라는 명칭으로 법정
에서 증거 목록에 포함되는 경우가 늘고 있다. 물론 법원이 보고
서 하나를 단독 증거로 두고 양형을 하지는 않지만, 재판부가 심
증을 형성할 때 많이 인용되고 있다. 듣기로는 검사 중에서도 프

로파일링 보고서를 먼저 보는 경우가 있다고 한다.

한경사의 설명대로 최근 재판 과정에서 프로파일링 보고서가 증거로 인정되는 경우가 많아졌다. 2018년 동반 자살을 하자고 여성을 유인해 강제 추행하고 자살을 방조한 울산 자살방조 강간 추행 사건, 2017년 경기 양평 전원주택 살인 사건, 장기 미제로 남았다가 풀렸던 2002년 아산 갱티고개 노래방 여주인 살인 사건 등에서 프로파일링 보고서가 법정에서 증거로 채택됐다.

프로파일러가 되고 싶으세요?

프로파일러는 주로 특채 시험을 통해 선발하는데 우선 경찰공무원 자격 조건을 갖춰야 한다. 그간 채용된 프로파일러들은 심리학, 사회학, 범죄학을 전공한 학사 학위 이상 소지자이면서 관련 분야에서 2년 이상 근무(연구)한 경력을 가진 사람들이다. 물론 일반 경찰관 중에서 프로파일러가 된 경우도 소수이지만 있다. 일반직 공무원의 자격 요건에 연령 제한이 없는 것과 달리, 경찰공무원은 20세 이상, 40세 이하여야 한다. 2005년 첫 특채가 시작된 이후 현재까지 60여 명이 뽑혔다.

백경위와 임경사, 한경사는 이런 자격 요건 외에도 프로파일러에 적합한 인물로 '흡수력이 좋은 사람'을 꼽았다. 앞서 언급했듯 수사관과 검시관, 과학수사 요원 등과 함께 수시로 협업해

피의자의 범죄 동기를 파악하려면 관찰력이 필요하다.
또 피의자의 심리와 행동 패턴을 분석하려면 공감 능력도 중요하다.

야 하는 일이어서, 자기 주관이 너무 뚜렷하기보다는 협력과 토론에 능해야 한다고 한다. 한경사는 "사건은 전적으로 사실에 근거해 분석해야 하는데 본인이 생각하는 방식에만 매몰되다 보면 그른 결과를 내기 마련"이라고 강조했다. "자신의 판단이 틀릴 수 있다는 걸 염두에 두는, 개방되고 흡수력이 좋은 사람이 프로파일러로서 좋은 역할을 할 수 있다."

10

오사카 니코틴 살인 사건

가족과 지인 통한 '심리 부검' 해보니,
단꿈 꾸던 신부가 신혼여행 가서 자살? 아니다!

"최경위, 용의자인 남편의 진술이 탄탄하기는 한데 사건이 좀
의심스러워요. 검토 한번 해주시죠."

미세먼지로 하늘이 뿌옇던 2017년 12월 어느 날, 충남경찰청
프로파일러 최규환 경위에게, 유제욱 세종경찰서 형사1팀장이
찾아왔다. 살인으로 의심되는 사건이 있는데, 용의자의 진술이
논리 정연해 프로파일러의 도움이 필요하다는 것이었다.

유팀장이 말한 사건의 개요는 이랬다.

2017년 4월 25일 오전 2시 50분쯤, 일본 오사카로 신혼여행을
떠난 아내 김 모(19세) 씨가 여행 첫날 사망했다. 사인은 급성 니

코틴 중독. 김씨는 호텔 화장실에서 숨진 채 발견됐는데, 당시 화장실에는 카테터(가느다란 관)와 주사기가 있었다고 한다. 침실에 있던 남편 우 모(21세) 씨는 "'쿵' 소리가 나 화장실 안을 확인하니 아내가 숨져 있었다"며 일본 경찰에 신고했다. 객실에는 둘만 있었고, 내부에 CCTV는 없었다.

우씨는 아내 김씨가 평소 우울증을 앓고 있었다고 일본 경찰에 진술했다. 사망하기 직전 김씨는 친정 식구들에게 음성메시지를 보내 "결혼을 반대해 우울하다, 나 없는 셈 치라"는 극단적 선택을 암시하는 말을 남겼다. 김씨는 전에도 자해를 하거나 유서를 쓴 적이 있었다. 일본 경찰은 김씨가 극단적 선택을 했다고 판단하고 수사를 종결했다. 김씨의 시신은 화장돼 한국으로 이송됐다.

자살로 묻힐 뻔한 사건이 다시 떠오른 건 사망하고 2주 후인 5월 9일이다. 보험사 조사관이 유팀장에게 보험사고 경위에 의심스러운 점이 있다며 수사를 의뢰했다.

우씨는 5월 4일 S화재 보상센터에 사망보험금 수령에 대해 문의했다고 한다. 갑작스러운 충격을 받은 자살 유가족이 사망한 지 일주일여 만에 보험금에 대해 문의하는 것은 극히 이례적이다. 당시 자살은 보험금 지급 사유에 해당하지 않는다는 답을 듣고 남편 우씨는 분을 삭이지 못하며 아쉬운 반응을 보였다고 했다. 수화기 너머 우씨의 목소리엔 사랑하는 사람을 잃은 슬픈 기색이 조금도 없었다. 보험사는 보험금을 노린 '위장 살인'이 아닌

지 의심스러웠다.

수사에 착수한 경찰은 초반부터 난관에 부딪쳤다. 유족이 슬퍼하지 않는다고 해서 무작정 용의자로 몰아갈 수도 없는 일이었다. 우씨는 태연한 태도로 일관되게 진술했고, 담당 수사관들을 형이나 누나로 부르며 따를 정도로 수사에 협조적이었다. 나중에 결정적 단서가 된 우씨의 휴대폰 메모는 이제 막 디지털 포렌식 분석을 맡긴 참이었다. 자살 유가족인 우씨를 범인으로 단정하고 수사하기엔 확신이 부족했다. 우씨 진술의 신빙성을 무너뜨리는 게 최우선 과제였다.

세종서 수사팀과 최경위는 투 트랙으로 움직였다. 수사팀은 앞서 우씨의 자택을 압수수색했을 때 확보한 일기장을 토대로 우씨가 말한 사건의 경위를 반박할 증거를 찾아갔다. 최경위는 우씨의 진술 자체를 분석했다. 이 진술들 사이에서 모순점을 발견해 진술 내부로부터 신빙성을 깨는 것이 수사팀과 최경위가 세운 전략이었다.

2018년 1월 29일 최경위는 우씨의 진술 기록 다섯 가지를 수사팀으로부터 전달받았다. 세종서 수사팀 기록(2017년 8월, 2018년 1월)과 김씨의 언니와 어머니에게 사건 경위를 설명한 내용(2017년 4월, 5월, 10월)이었다.

이를 통해 본 우씨의 스토리는 일관돼 보였다. "샤워를 마친 뒤 아내가 화장실에 들어갔는데, 잠시 후 '쿵' 소리가 났다. 가보니 아내가 쓰러져 있었고, 약물이 든 주사로 극단적 선택을 한 것 같았다. 아내는 우울증을 앓고 있었다"는 진술이 조금의 흔들림도 없이 유지됐다.

최경위는 우씨의 진술 밖에 존재하는 신혼여행 첫날밤의 호텔 방 상황을 재구성해보려고 시도했다. 아내가 사망할 때 남편은 침실에서 무엇을 하고 있었을까? 우씨는 나중에 처형에게는 "침대에 걸터앉아 졸고 있었다"고 말했다가, 수사관에게는 "이부자리를 정리했다"거나 "침대에 누워 있었다"고 하는 등 엇갈린 진술을 했다. 또 우씨는 "아내가 죽기 전 화장실 변기에 앉아 있었다"고 말했는데, 이는 화장실 밖에 있던 우씨로서는 알 수 없는 정보였다는 점도 주목할 부분이었다.

최경위가 경험한 바에 따르면 이런 진술상 모순은 순발력이 좋은 계획범죄자에게 나타나는 특징이다. 아무리 머리가 좋은 범인이라도, 자신이 신문받을 것을 예상하고 대비해도 사건 현장의 모든 디테일을 완벽히 구상하는 건 불가능하다. 따라서 이런 질문을 받을 때 계획범죄자는 순발력을 발휘해 디테일을 지어내게 되는데, 세부 정보가 워낙 많아 반드시 진술들 사이에 모순이 생긴다. 최경위는 우씨의 진술을 조목조목 뜯어보고 이런 불일치를 13건이나 발견할 수 있었다. 완벽해 보이던 시나리오에 조금씩 금이 갔다.

수사팀이 압수해 분석한 증거물에서도 우씨의 진술을 무너뜨릴 내용이 나왔다. 우씨의 자택에서 확보한 일기장에 따르면, 우씨는 2016년부터 보험금을 탈 계획을 세우고 있었다. 일기장에는 '여자친구와 싸우고 설득해 보험에 가입시킨다. 예상 금액 10억'(2016년 3월 기록) 같은 메모가 빼곡히 담겨 있었다. 법정상속인으로서 억대의 보험금을 받기 위해 우선 김씨가 성년이 되는 대로 혼인신고를 하고 그다음 자살로 가장해 김씨를 살해하는 계획이었다. 실제 우씨는 김씨가 성년이 된 2017년 4월 중순 직후 계획을 하나둘씩 실행에 옮겼다. 혼인신고에서 오사카에서의 살해에 이르기까지 이 모든 것이 2주 안에 일어난 일이었다.

또 우씨가 2016년 12월 고등학교 시절 알고 지내던 여자친구 A씨를 상대로 이번 사건과 마찬가지로 니코틴 원액으로 살해한 뒤 보험금을 타내려다 실패한 정황도 나왔다. 일본으로 여행을 가자고 제안하면서 출국하기 전 공항에서 A씨에게 자신을 수익자로 하는 해외여행보험에 가입하도록 한 점도 똑같았다. 퓨어니코틴(1밀리리터당 990밀리그램)은 우씨가 전자담배에 사용하려고 한다며 인터넷에서 대신 구매해달라고 A씨에게 부탁한 것이었고, 충남 아산의 전자담배 가게를 함께 찾아가 A씨의 이름으로 퓨어니코틴을 사도록 해 건네받기도 했다.

오사카 시내를 관광하고 숙소로 돌아온 뒤 우씨는 A씨에게 치사량의 니코틴 원액을 숙취해소제인 것처럼 속여 건넸다. 하지만 역한 냄새를 맡은 A씨가 마시지 않으면서 고비를 넘길 수 있었다. 니코틴 원액을 탄 음료를 뱉어냈는데도 A씨는 몸을 제대로 가누지 못할 정도였다. 그때는 살인미수에 그쳤다.

경찰이 포위망을 좁혀가자 우씨의 태도가 180도 바뀌었다. 형 누나 하며 따르던 수사관들에게 반말을 했고, 조사하는 몇 시간 동안 노래만 불러 수사관들을 자극하기도 했다. 불리한 질문을 받으면 "그딴 걸 왜 묻느냐"며 면박을 줬다. 우씨의 돌변은 궁지에 몰려 당황한 나머지 공격성이 표출된 것이 아니라, 더 이상 '착한 척'을 할 필요가 없어지면서 본색이 드러난 것일 뿐이었다.

계획범죄의 증거가 속속 드러나는데도 우씨는 여전히 뻔뻔했다. 아내가 극단적 선택을 한 것이라는 주장을 굽히지 않았다. 특히 사망하기 전에 아내가 가족에게 보낸 음성메시지와 자해 이력, 유서를 쓴 적이 있다는 사실을 집요하게 물고 늘어졌다.

경찰 수사는 아내 김씨가 자살이라는 극단적 선택을 할 동기가 없었던 점을 규명하는 데 집중됐다. 최경위가 떠올린 수단은 '심리 부검'이었다. 심리 부검은 고인의 주변 사람들을 면담해 생전의 심리 상태를 복원하는 프로파일링 기법이다. 일반 부검이 시신을 해부해 고인의 물리적 사망 경위를 밝히는 일이라면, 심리 부검은 마음을 뜯어보는 셈이다. 심리 부검이 경찰 수사에 실제 쓰이는 일은 극히 드물지만, 여러 증거 앞에서도 자백하지 않는 우씨를 무너뜨리려면 할 수 있는 방법은 모두 해봐야 했다.

분석은 2주간 이뤄졌다. 프로파일러가 면담한 대상은 열한 명이었다. 피해자의 부모님과 언니, 초등학교 친구, 중학교 친구,

아르바이트 동료들까지 만났다. 유가족과 지인들은 기다렸다는 듯 억울함을 쏟아냈다. 아무리 생각해도 수상한 점이 한둘이 아닌데 일본 경찰이 단순 자살로 사건을 종결했다는 것이다.

특히 피해자의 언니가 전한 우씨와 피해자의 관계는 기이하기 짝이 없었다. 우씨는 '김씨가 가족 때문에 우울해하며 자신과 결혼하고 싶어 한다'고 김씨의 주변 사람들이 믿게 하는 데 상당히 공을 들였다. 가족들에게 김씨 본인이 보내는 척 '임신을 했으니 우씨와 결혼하겠다'는 내용의 문자메시지를 보내는 식이었다.

알고 보니 이전에 김씨가 썼다는 유서도 우씨가 강제로 쓰게 한 것이었고, 가족에게 보낸 음성메시지에 나오는 자살 의사도 역시 우씨의 계획에 따른 것일 뿐이었다. 우씨의 주장과 달리 김씨가 평소 우울증 관련 약을 먹거나 우울증 때문에 병원에 다닌 흔적도 나오지 않았다. 되레 친구들은 김씨의 자해 경험이 우씨의 데이트 폭력 때문이었다고 입을 모아 말했다.

또 김씨가 친구들에게 선의의 거짓말을 부탁하는 등 귀국 이후 부모의 추궁에 대비하는 방안을 마련해두고, 여행 직전까지 취업 알선 사이트를 통해 채용 정보를 꾸준히 확인한 사실도 밝혀졌다. 김씨는 오사카 여행을 다녀온 이후의 일정과 계획을 그야말로 빈틈없이 짜놓고 있었다. 친구들에게 우씨와의 일본 여행이 설렌다고 했고, 휴대폰으로 '이쁜 아이 이름'을 검색하는 등 결혼 생활을 기대했던 정황도 나왔다. 이는 자살을 염두에 둔 사람의 행동이 아니었다.

최경위는 '(김씨는) 자살 가능성이 없는 것으로 평가된다'고 결론 내렸다. 이후 최경위가 진행한 사이코패스 진단 검사에서 우씨는 40점 만점에 26점을 받았는데, 이는 강호순(27점), 조두순(29점), 이영학(25점)과 비슷한 점수다.

한편 수사팀은 우씨가 피해자와 사귀는 중에도 친구들끼리 모인 메신저 단체대화방에서 '목표가 있어서 피해자와 만나고 있다'는 표현을 반복한 사실을 확인했다. 2016년 6월에는 피해자가 미성년자임에도 결혼하려 했고, 피해자의 집에서 반대하자 임신했다고 거짓말을 할 정도로 결혼에 집착했다. 또 인터넷에서 2016년 4월에 발생한 '남양주 니코틴 살인 사건'에 대해 검색하면서 관련 내용을 캡처해 휴대폰에 저장하고, 혈관주사를 놓는 방법을 찾아보기도 했다. 이외에도 구체적이고 상세한 실행 계획이 담긴 휴대폰 메모와 일기가 계속 발견됐다.

경찰 조사가 진행되면서 수세에 몰린 우씨는 급기야 진술을 번복했다. 자살을 결심한 아내가 스스로 니코틴 원액을 양쪽 팔에 스스로 주사했다고 했다가, 나중에는 주사기를 잡고 있는 아내의 손을 위에서 눌러줌으로써 자신은 자살을 도왔을 뿐이라고 했다. 그리고 재판에서도 자신은 아내의 자살을 방조한 죄만 있을 뿐 살해한 적은 없다는 주장을 굽히지 않았다.

2018년 8월 30일 대전지방법원은 살인 및 살인미수, 보험사기방지특별법위반, 상해, 강요 등 혐의로 재판에 넘겨진 우씨에게

2017년 4월 우씨가 극단적 선택한 것처럼 위장해 아내 김씨를 살해하는 데 사용한
니코틴 원액과 일본 오사카에서 우씨와 김씨가 묵은 호텔 건물. 사진 세종경찰서

무기징역을 선고했다. 재판부는 최경위가 작성한 심리 부검 보고서를 증거로 채택했다. 심리 부검 보고서가 법원에서 인정받은 첫 사례다. 재판부는 "피고인은 이제 막 성년이 된 어린 피해자들을 유인해 그들의 사망보험금으로 돈을 벌겠다는 목적으로 살인을 감행했다"고 판단했다.

항소심은 1심 판결을 유지했고, 대법원은 2019년 10월 상고를 기각하면서 무기징역을 선고한 원심 판결을 확정했다.

오사카 니코틴 살인 사건 범행 일지 _____

2016년 12월   우씨가 또 다른 여자친구인 A씨를 상대로 니코틴 원액을 사용해 범행한 후 보험금을 타내려 하다가 미수에 그친다.

2017년 4월 14일   우씨는 이제 막 성년이 된 김씨를 설득해 혼인신고를 한다.

4월 24일   일본 오사카로 신혼여행을 떠나기 위해 출국하기 직전 인천국제공항에서 해외여행보험에 가입한다.

4월 25일 오전 2시 50분쯤   우씨가 오사카 호텔의 화장실에서 김씨에게 니코틴 원액을 주입해 살해한다.

5월 4일   한국으로 돌아온 우씨는 보험사에 전화해 사망보험금에 대해 문의한다.

5월 9일   보험사 조사관의 사건 제보를 받은 충남 세종경찰서가 내사에 들어간다.

11월 29일   경찰이 우씨의 자택을 압수수색한다.

2018년 1월 30일	충남경찰청이 우씨 진술에 대한 분석 보고서를 작성 한다.
3월 9일	프로파일러가 사망한 김씨에 대한 심리 부검 보고서 를 작성한다.
8월 30일	대전지방법원이 우씨에게 살인죄 등을 인정해 무기징 역을 선고한다.
2019년 5월 17일	대전고등법원이 항소를 기각하고 원심을 유지한다.
10월 17일	대법원이 우씨의 무기징역 형을 확정한다.

오사카 니코틴 살인 사건

11

부산 아파트 단지 연쇄절도 사건

"설마 내가 훔쳤겠나" 버티던 절도범,
"수사관이 날 이해해줘" 범행 자백

"마, 그런 걸 다 우째 기억합니꺼, 내가 설마 그랬겠나."

상습절도 혐의를 받던 A씨는 경찰의 추궁에 잡아떼기부터 했다. 경찰은 30대 A씨를 2019년 7월부터 2020년 1월 말까지 부산과 경남 일대에서 발생한 수십여 건 절도 사건의 유력한 용의자로 올려놓고 있었다. A씨는 2020년 설 부산의 한 대규모 아파트 단지에서 잇따라 신고된 2건의 절도미수 사건으로 덜미가 잡혔다. 아파트 CCTV를 살펴보다가 A씨를 수상히 여긴 경비원이 신고한 것이 결정적이었다.

정황은 차고 넘쳤지만, 문제는 물증이었다. 가정집에 침입해 금품을 훔치는 절도는 흔한 범죄이지만 증거 찾기는 강력범죄보

2020년 1월 부산의 한 아파트 단지에서 A씨가 범행을 위해 베란다로 향하는 모습이
CCTV에 포착됐다. 사진 부산경찰청

다 어려운 측면이 있다. 주로 주인이 집을 비운 사이 범죄가 이뤄
지고, 범인은 도둑고양이처럼 살뜰히 흔적을 지우고 나가는 특
성 탓이다. 피해자조차 도둑맞은 사실을 모르는 경우도 허다하
다.

민생 치안을 책임지는 경찰로서는 여간 곤혹스런 수사가 아닐
수 없다. 예상되는 난관에 고심하던 수사팀은 A씨를 체포하기에
앞서, 윤정아 부산경찰청 과학수사과 경장을 먼저 찾았다. 살인
같은 강력범죄 등에 주로 투입되는 프로파일러에게 손을 내민
것이다.

A씨는 여러 차례 수사를 받은 전력이 있어 형사 및 사법 절
차를 꿰뚫고 있었다. 상습절도 등 혐의로 2016년 2년 6개월,

2018년 1년 6개월의 징역형을 확정받아 '학교'(교도소)를 여러 번 다녀온 말하자면 '베테랑 절도범'이었다. 이번에도 동료 재소자들한테 전수받은 노하우를 발휘하며 수사기관을 얕볼 가능성이 높았다. 혐의를 부인부터 하는 전략도 '학습'의 결과였다.

수사팀으로선 검거 직후 이뤄질 첫 피의자 신문에서 A씨의 수사 방해 수법에 말려들지 않을 전략이 필요했고, 프로파일러 윤경장에게 그 임무가 주어졌다. 윤경장은 수사의 기본으로 돌아갔다. 전과 기록에 기초해 A씨가 절도 범죄의 근거지로 삼았을 것으로 추정되는 지역에서 발생한 모든 침입 절도 사건을 되짚어보기로 했다.

우선 수사 중이지만 범인이 검거되지 않은 사건, 미제로 분류돼 수사팀 캐비닛에 편철된 사건의 관련 기록부터 전부 읽어모았다. 부산경찰청에서 다룬 사건만 수천 건, 다른 지역의 소관까지 합치니 1만 건 남짓한 사건이 눈앞에 펼쳐졌다. 수많은 범죄유형 중 절도가 절대 다수를 차지한다는 사실을 다시 한 번 실감하는 순간이었다. 빈번히 일어나지만 해결되지 않는 사건들이 이렇게 많다니, 문득 사명감이 들었다. 사막에서 바늘 찾기일 수있지만, A씨가 지워버린 증거의 흔적들이 숨겨진 1만여 개 퍼즐 조각을 맞춰야 했다.

서류 더미에 파묻혀 아흐레 밤낮 머리를 싸맨 윤경장에게 A씨만의 범행 패턴이 보이기 시작했다. A씨는 피해자가 없는 틈을 타 문이 잠기지 않은 베란다 문을 열고 침입해 귀금속류를 주로 훔쳤다. 그러기 위해 아파트 1~3층 높이의 빈집을 대상으로 삼았다. 아파트 단지가 띄엄띄엄 있는 곳보다 밀집된 곳을 선호한다는 사실도 추론할 수 있었다. 하지만 비슷한 수법의 범죄가 모두 A씨의 범행이라고 단정 짓기는 아직 무리였다.

윤경장은 시간과 지역에 주목했다. 여기서부터는 지리적 프로파일링의 도구인 '지오프로스'(GeoPros)가 동원됐다. 지오프로스는 사건의 발생 일시와 장소 등 조건을 입력하면 지도 위에 여러 사건을 한눈에 볼 수 있도록 시각화하는 시스템이다. 개별 사건뿐 아니라 시간대별 및 지역별 범죄 빈도를 분석하고 위험 지수를 산출해 순찰 경로를 제시하는 등 치안 대책을 수립하는 데에도 활용된다.

분석해보니 A씨의 수법과 비슷한 사건이 그가 수감돼 있는 기간에는 사라졌다가 형기를 마치고 나오면 다시 발생했다는 사실을 확인할 수 있었다. 아울러 동종 수법의 범행은 A씨 연고지인 부산과 경남에서 두드러지게 나타났다.

A씨가 저질렀을 것으로 추정되는 절도 범죄의 건수는 경찰이 혐의를 두던 것보다 훨씬 많았다. 윤경장의 프로파일링 결과를 받아 든 수사팀은 A씨의 휴대폰 발신 기지국 위치와 차량 등으로 동선을 추적한 다음 인근 금은방 등을 탐문해 십여 건의 여죄를 밝혀낼 단초를 손에 쥘 수 있었다.

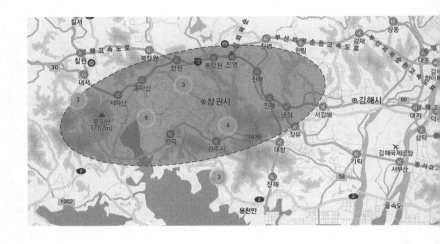

　이제 문제는 A씨의 자백을 어떻게 받아내냐였다. 다수의 여죄 사건이 드러났지만 증거가 충분치 않은 부분도 있었기 때문이다. 프로파일러로서 본격적인 활약을 해야 할 순간을 맞은 윤경장은 앞선 사건에서 나온 A씨의 피의자 신문조서를 파고들었다. 다른 지역 경찰청에서 이뤄진 A씨의 강간 및 무면허 운전 관련 기록도 샅샅이 훑어 진술 태도와 성격 특성을 파악했다.

　윤경장이 본 A씨는 수사 과정을 훤히 꿰뚫고 있어 수사관과 기 싸움을 하며 '밀당'(밀고 당기기)을 하는 유형이었다. 초범이거나 자신의 범죄를 과시하려는 경향이 있는 폭력·살인 등 강력 범죄자의 경우 수사관이 전폭적으로 지지할 때 자백하는 경우도 적지 않다. 어느 누구에게서도 받지 못한 지지와 관심을 받으면서 심리적 벽이 무너지는 것이다.

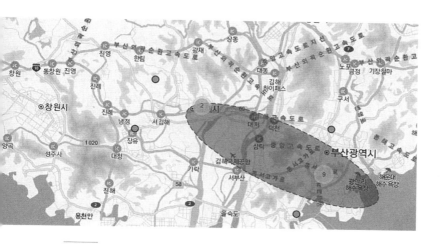

지리적 프로파일링 시스템인 지오프로스에 절도 사건의 조건을 입력하자 경향성이 나타나고 있다.
사진 부산경찰청

하지만 생계형 범죄자에 해당하는 A씨에게는 다른 전략이 필요했다. 윤경장은 '피의자에게 지지를 보내기보다는 수사관의 권위를 먼저 확인시켜줘라'는 취지의, 평소 수사 관행에 비춰 수사팀 입장에서는 다소 독특하다고 할 수 있는 맞춤형 신문 전략을 주문했다. 수사관과 피의자 간의 관계에서 공식과도 같은 '라포 형성'을 접어두라는 말이었다. '존중은 하되 과장되게 친절할 필요는 없다', '수사관 스스로 피의자 신문을 주도할 수 있다는 확신을 가져라', '조건부 자백은 통하지 않는다는 인식을 심어줘라' 등의 구체적 지침도 전달했다.

범죄자를 자백하게 하는 공식과도 같은 '라포 형성'을 우선 접어두고 위계와 전문성부터 강조하라는 주문에 수사관들은 일종의 연기를 시작했다. 첫 신문에서 A씨는 예상대로 여유 있는 태도로 부인했다. 수사관의 질문에 "기억이 나지 않는다", "정황상 내가 그랬을 것 같지 않다"며 증거를 가져오라는 식으로 나왔다.

수사관들은 윤경장의 신문 전략대로 지오프로스를 통해 찾아낸 그의 또 다른 범행을 일부 제시하며 "이렇게 네 여죄를 찾아냈듯이 끝까지 수사해 증거를 잡겠다", "쓸데없는 기 싸움은 소용없다"는 말로 압박했다. 어느 정도 관계가 형성된 뒤에는 면담을 통해 "증거가 확실한데 부인하면 더 불리한 것을 본인도 잘 알지 않느냐"며 어르기도 했다.

협상의 주도권을 이미 놓쳤다는 판단을 한 듯 A씨는 오래 버티지 못했다. 불과 두 번째 신문에서 A씨의 태도는 180도 달라졌다. 그는 자신의 여죄를 읊으며 "처음에는 날 나쁘게만 보는 것 같아 의심했지만 수사팀이 나를 생각해 조언한다는 것을 알고 뒤늦게 반성하게 됐다"고 털어놨다.

정보의 우위에 서서 심리전을 주도한 수사팀의 일방적 승리였다. 윤경장은 "여죄 사건 수십 건을 정리한 목록을 갖고 있었던 것도 무기가 됐고, 수사팀이 '절대 그냥 넘어가지 않는다'는 태도로 악착같이 임한 것도 효과가 있었다"고 봤다.

2020년 7월 1심을 맡은 부산지방법원 동부지원은 A씨가 상습적으로 야간에 피해자들의 집에 침입해 귀금속을 훔친 사건 13건을 유죄로 판단하고, 다른 지역 경찰청에서 수사한 강간 1회

및 도로교통법상 무면허 운전 7회까지 죄목에 포함해 징역 5년을 선고했다. 그가 아파트 단지에서 훔친 귀금속 등은 법원에서 인정된 것만 총 6215만여 원에 상당한다. 재판부는 "절도 범죄로 수회 처벌받은 전력이 있는데 형 집행이 종료된 지 얼마 지나지 않아 또다시 적지 않은 횟수의 범행을 저질러 책임이 가볍지 않다"며 가중 처벌했다. 넉 달 뒤에 열린 2심에서도 역시 형량은 그대로 인정됐다.

절도 사건에 프로파일러가 투입되는 경우는 이례적이다. 그러나 상습성이 두드러질수록 수법이 고착된다는 점을 고려하면 절도 범죄는 프로파일링이 효과적으로 활용될 수 있는 분야다. 많게는 전과 100범에 이르기도 하는 등 절도범은 유독 연쇄적 범행을 한다는 특성도 있다. 실제로 최근 A씨 사건 외에도 수사팀이 비교적 경범죄로 여겨지는 사건에 프로파일러의 도움을 요청하는 경우가 늘어나면서 프로파일링의 저변이 넓어지고 있다고 한다.

윤경장은 "살인 같은 대인 범죄는 검거가 빨라지면서 연쇄성을 갖기 어려워졌지만, 절도 범죄는 즉시 검거되지 않는 경우가 많아 범죄자가 범행을 반복하며 효과적인 수법을 학습하기 쉽다"고 말했다. 그러면서 "한 명을 검거하면 몇십 건의 범죄를 예방할 수도 있는 것이 절도 범죄"라며 잔혹 범죄뿐 아니라 민생 사건에서도 프로파일러가 해결하기 위해 활약하는 모습을 지켜봐줄 것을 당부했다.

사건 일지 _____

2016년 2월　대구지방법원이 A씨에게 상습절도죄로 2년 6개월을 선고한다.

2018년 3월　창원지방법원이 A씨에게 야간주거침입절도죄로 1년 6개월을 선고한다.

2019년 7월부터
2020년 1월 말까지　A씨가 총 13회에 걸쳐 야간에 부산과 경남 일대의 아파트에 침입해 6200만여 원에 상당하는 귀금속을 훔친다.

2020년 1월 말　A씨가 부산의 대규모 아파트 단지에서 잇따라 신고된 2건의 절도미수 사건에서 CCTV에 포착돼 덜미가 잡힌다.

7월 14일　부산지방법원 동부지원이 A씨에게 상습야간주거침입절도죄 등으로 징역 5년을 선고한다.

11월 26일　부산고등법원이 A씨에게 그대로 징역 5년을 선고한다.

'명탐정 코난' 꿈꾸던 소녀,
"프로파일러는 통역기"

"프로파일러는 일종의 통역기 역할을 한다고 생각해요."

부산경찰청에서 만난 윤정아 과학수사과 경장은 2017년 범죄분석요원 특채로 선발된 7기 막내 기수다. 학부 때까지는 인하대에서 상경 계열의 아태물류학을 공부했지만, 2014년 졸업할 무렵 '재밌는 일을 평생 하고 싶다'는 고민 끝에 프로파일러가 되기로 결심했다.

2년간 학점은행제를 통해 심리학 학사 과정을 이수한 뒤 한림대 대학원에서 법심리학 석사 학위를 취득했다. 범죄심리사 자격까지 따면서 경찰서에서 200명에 달하는 소년범을 면담하고 재범 위험성을 평가한 경력을 인정받은 것이 입직에 도움이 됐다. 2020년부터는 동국대에서 법심리학 박사 과정을 밟으며 현장과 접목한 공부를 이어가고 있다.

초등학생 때부터 만화 〈명탐정 코난〉 같은 추리물에 흥미를 느낀 윤경장은 탐정이 되고 싶었다. 강력범죄가 두렵기는커녕 문제를 해결하는 것이 즐거웠다고 한다. 그런 그도 처음 살인 사건 피의자를 면담할 때에는 긴장했지만 이내 깨달은 점이 있었다. "범행을 저지를 때는 악마 같은 면이 있을 수 있지만, 그들도 다른 순간에는 의외로 평범성을 가진 인간이다." 그는 "다른 사람을 분석하는 직업이니만큼 타인에 대한 감수성을 유지하려 노력하고 있다"고 말했다.

윤경장은 실제 경험하며 느낀 프로파일러의 역할을 '통역기' 또는 '번역기'에 비유했다. 증거물이나 피의자·피해자의 말과 행동에 숨어 있는 진짜 의미를 보통 사람들이 이해할 수 있는 언어로 정제해 전해준다는 의미에서다. 그는 "다른 측면에서 증거를 살펴보고 미세한 차이를 발견해서 사건 해결의 실마리를 제공했을 때, 그리고 수사관과 피해자·피의자의 중간에 서서 서로에 대한 이해도를 높였을 때 보람을 느낀다"고 했다.

최근에는 한 차례 구속영장이 기각됐던 사건에서 증거물 중 앞서 간과된 부분을 재분석해 보고서를 제출한 후 영장이 발부되면서 수사팀으로부터 좋은 반응을 얻었다. 자해와 타해 분간이 어려웠던 사건을 두고는 혈흔 형태 등을 재조립하고 관련자들의 심리와 동선을 분석해 현장을 재구성했는데, 그렇게 작성한 보고서가 재판 과정에서 증거로 채택돼 결국 살인미수 판결을 끌어내는 성과를 내기도 했다.

프로파일러가 되고 난 후 한 달에 네다섯 건 정도의 사건을 분석해왔다는 그에게 가장 기억에 남는 사건은 항상 '지금 맡은 사건'이다. 한번 시작하면 그 사건에만 몰두하는 성향이다. 윤경장은 "아직 운명적인 사건을 만나지 못한 것일지도 모른다"며 "신체든 권력이든 구조적 힘의 우위에서 오는 여성·아동·동물 등 약자에 대한 폭력에 관심이 많다"고 말했다.

그가 어릴 적 그렸던 추리물 속 탐정, 또는 프로파일러의 모습에 지금 자신의 현실은 얼마나 다가갔을까. 윤경장은 "영화나 만화에서는 직관에 의존하거나 허구의 근거를 바탕으로 추론하는 프로파일러의 모습이 많이 나오지만, 실제로는 타인을 설득할 수 있을 정도로 객관성을 담보한 '진짜 근거'를 대기 위해 치열하게 노력한다"면서 "이편이 더 멋있다고 생각한다"며 웃었다.

부산 아파트 단지 연쇄절도 사건

12

송파 데이트 폭력 사건

성적 학대에도 '위험한 연애' 지속?
두려움의 시각으로 보자 퍼즐이 풀렸다

경찰관 앞에 선 두 남녀의 말이 완전히 엇갈렸다. 남성 A씨 (31세)는 합의하에 관계를 맺었다고 말했지만, 여성 B씨(26세)는 성적 학대를 당했다고 호소했다. 은밀한 연인 관계에서 발생한 학대 의혹 사건이었다. 목격자도 CCTV도 없어, 피해 상황은 오로지 여성의 진술에 의존해야 했다. 경찰은 누구의 말을 신뢰하고 어느 쪽의 말을 의심하며 어떤 경로를 따라 진실에 이르렀을까.

둘의 관계는 2019년 여름 모바일 애플리케이션을 통해 시작됐다. 앱에서 대화할 때까지는 아무런 이상 조짐이 보이지 않았고, 둘은 이내 연인 관계로 발전했다.

그러나 교제한 지 일주일 만에 A씨가 돌변해 심한 폭언과 폭행을 일삼았다는 게 B씨의 주장이었다. 모욕적인 욕설은 기본이었다. 남자는 여자에게 나체 동영상을 찍을 것을 요구하고 강압적인 성관계를 계속했다고 한다. 동영상을 빌미로 협박해 돈을 뜯는 짓까지 서슴지 않았다.

성폭행 사건 이후에도, 둘은 관계를 지속했다. 학대당하면서도 연인 관계를 지속한다고? 언뜻 봐서는 이해가 되지 않는 이 지점을, 남자는 파고들었다. A씨는 경찰 조사에서 성폭행 혐의를 전면 부인했다. 정황상 성폭행까지 당하는 상황에서 계속 사귈 사람이 어디 있느냐는 것이 A씨의 논리였다.

B씨는 왜 이 위험한 연애를 지속했을까. 왜 학대하는 남자를 떠나지 않았을까. 선뜻 풀리지 않는 숙제 앞에서, 사건을 수사하던 서울송파경찰서는 서울경찰청 과학수사과 범죄분석팀에 지원을 요청했다. 프로파일링이 필요한 시점이었다. 프로파일러 세 명이 서울송파경찰서로 향했다.

송파서로 달려간 김성혜, 이상경 경위와 박준희 경사는 가해자 A씨를 만났다. 프로파일러들의 눈에 A씨는 여느 30대 남성과 다를 바가 없었다고 한다. "길에서 마주쳐도 모를 평범한 사람"이었다. 가학적인 폭력을 행사하는 사람이라고는 전혀 보이지 않았다.

프로파일러 앞에 선 A씨는 고분고분했다. 프로파일러들은 A

씨가 좋은 사람으로 비춰지기 위해 의도적으로 '인상 관리'를 하고 있다고 봤다. 인상 관리는 다른 사람이 느끼는 자신의 이미지에 영향을 끼치려는 개인의 의식적·무의식적 행동을 의미한다. 아부를 한다거나 동정을 구하고, 거래를 시도한다거나 변명을 하는 것 등이 대표적이다.

A씨는 성폭행을 제외한 범죄 사실(폭행, 협박, 강요, 공갈)은 대부분 시인했다. 그러나 행위 자체만 인정할 뿐 행위에 대한 책임은 피해자인 B씨에게 떠넘겼다. B씨의 거짓말 때문에 폭행을 시작했다, 여자의 거짓말이 반복되다 보니 강도가 점점 세졌다, B씨가 동영상을 전송하고 돈을 보낸 것은 나와 헤어지고 싶지 않아서다, 이런 식의 진술이 이어졌다. B씨가 느꼈을 고통과 두려움에 대해 공감하기는커녕 자기 합리화를 하기 바빴다.

고분고분한 가해자와 달리 피해자 B씨는 처음부터 잔뜩 위축돼 있었다. 말할 때도 작은 목소리였고, 시선은 주로 바닥을 향했다. 외견상 그렇게 평범해 보이는 A씨를, B씨는 진심으로 두려워했다. A씨는 B씨에게 "나는 집안이 좋아서 네가 신고해봤자 풀려난다"는 말을 반복해, B씨가 신고를 해도 소용없다는 생각을 심어주려 했다고 한다. B씨는 이미 한 차례 고소를 취하한 적이 있어서 프로파일러들은 B씨가 위축되지 않고 진실을 말할 수 있도록 매우 조심스럽게 접근했다.

B씨는 원래 이렇게 소극적인 성격은 아니었다. A씨와의 관계

만 아니라면 평소 대인관계가 원만했고, 자신의 의견을 내세우는 것을 두려워하는 편도 아니었다. 과거 다른 상대와 연애할 때도 특별한 문제를 겪은 적이 없었다.

그런데 유독 A씨에게만은 한마디도 대꾸하거나 저항할 수 없었다. 처음에 "안 그러겠지" 하고 넘어가다 보니 점점 더 강도가 세졌고, 급기야 굴레에서 벗어나지 못하는 상황이 됐다고 한다.

보통 사회적 교류에 아무 문제가 없는 사람이 특정인 앞에서만 유독 기를 펴지 못하는 상태. 프로파일러들은 신체적, 성적 학대가 지속되면서 B씨가 A씨에게 심리적으로 지배당한 상태라고 봤다. B씨는 어떻게 '지배' 당하게 됐을까. 이상경 경위는 "평범한 여성이었는데 심각한 가해를 당하다 보니 많이 위축되고 소극적이게 된 상황"이라고 설명했다.

B씨가 A씨에게서 벗어나지 못한 것도, A씨의 요구에 응한 것 역시나 두려움이라는 차원에서 접근해보니 퍼즐이 풀렸다. 김성혜 경위는 "피해자가 처음부터 폭행을 심하게 당해 공포감이 컸다"고 당시를 떠올렸다. 무자비한 폭행과 폭언, 성적 학대에 두려움을 느낀 피해자가 A씨의 기분을 거스르지 않기 위해 자발적으로 복종했다는 것이다. 이런 심리는 피해자의 진술에도 잘 나타나 있었다.

"이전부터 A씨에게 많은 폭행과 욕설을 당해 그는 무서운 사람이었고, 그가 내 나체 동영상을 갖고 있으면서 '컴퓨터에 있다'는 식의 말을 했기 때문에 그가 원하는 것을 들어주지 않으면 그가 무슨 짓을 할지 무서웠다. 그래서 A씨가 욕을 하면서 시키는 일을 하지 않을 수 없었다. 요구를 거부하면 욕을 하고 계속 찍어 보내라고 말했다. 평소 '때린다, 죽인다'는 식의 협박을 했기 때문에 그런 상황에서 할 수 있는 일은 A씨가 시키는 대로 하는 것뿐이었다. A씨가 원하는 대로 하지 않으면 어떻게 될지 너무 무서워서 시키는 대로 했다."

프로파일러들은 B씨의 모습은 지속적으로 폭력에 노출됐을 때 나타나는 '매 맞는 여성 증후군'의 특성과 유사하다는 결론을 내렸다. 매 맞는 여성 증후군은 데이트 폭력과 가정 폭력 같은 상습적인 폭력에 노출된 피해자가 '긴장 → 구타 → 화해'가 쳇바퀴 돌 듯 반복되는 굴레에서 벗어나지 못하고 무기력하게 가해자와 계속 관계를 유지하는 모습을 말한다. 피해자가 폭력을 당하면서도 가해자를 떠나지 않고 계속 관계를 유지하는 이유를 설명하는 개념이다.

프로파일러들의 이런 설명은 '지속된 가해 상황에서도 이어진 연인 관계'라는 궁금증을 풀어줄 수 있었다. 피해자의 심리에 대한 분석이 담긴 보고서는 1심 재판에서 유죄를 입증하는 데 중요한 역할을 했다.

A씨는 법정에서 "B씨와 보통의 연인과 다를 바 없이 메신저 대화를 주고받았고, 경찰 신고가 이뤄지지 않았다"며 성폭행 혐의를 부인했다. 그러나 분석 보고서를 증거로 채택한 1심 재판부

는 프로파일러들과 마찬가지로 B씨가 두려움 때문에 A씨의 요구대로 행동하면서 가학 행위로부터 벗어나지 못했다고 판단했다.

1심 재판부는 "피고인이 피해자의 나체 사진이나 동영상 등을 보관해 피해자로서는 피고인의 폭행이나 보복, 나체 사진 등의 유포가 두려워서 도망을 가거나 신고할 생각을 쉽사리 하지 못한 것으로 보인다"며 "같은 이유로 일반 연인 관계에서 쓸 법한 표현을 일부 사용해 메신저 대화에 응했다"고 판단했다. 1심은 A씨에게 징역 7년을 선고했다.

더 나아가 2심 재판부는 판결문에 피해자의 심리에 대한 분석 보고서의 내용 일부를 적시하기도 했다.

> 피해자는 피고인으로부터 신체적, 언어적 폭력을 당해 두려움을 느끼게 됐고, 이로 인해 피해자는 자발적으로 피고인의 비위를 맞추고 복종을 해 주종 관계가 형성됐다. 피해자의 모습은 지속적 폭력에 노출되는 경우 나타날 수 있는 '매 맞는 여성 증후군' 과 유사하다.(B씨 심리 분석 결과 일부)

이처럼 프로파일러들이 B씨의 모습에 대해 '매 맞는 여성 증후군'과 비슷하다고 분석한 부분이 재판부 판단의 중요 논거로 쓰였다.

A씨는 "교제하는 동안 내가 비속어를 사용했는데도 B씨가 이

서울경찰청 프로파일러들이 심리 분석을 진행한 데이트 폭력 사건에서 2심 판결문에
피해자 심리 분석과 관련한 내용이 일부 인용됐다. 1심 판결문에는 피해자 프로파일링 보고서가
증거로 제시돼 있다. 사진 법원 판결문 캡처

를 수용하고 교제를 지속했다"며 "협박에도 고의가 없었다"고 항
변했으나 2심 재판부는 받아들이지 않았다. 재판부는 피해자의
진술과 프로파일러의 분석 결과를 종합해 "B씨는 A씨로부터 폭
행 또는 협박을 당해 두려움에 빠져 있는 상태에서 비위를 맞추
기 위해 동영상을 전송한 것이지, B씨가 폭력적인 성향을 수용
했다거나 A씨의 언동이 공포심을 일으킬 만한 것이 아니었다고
보기 어렵다"고 짚었다. 그러면서 2심은 징역 8년을 선고했다.

프로파일링 보고서가 재판부가 유죄를 판단하는 근거 중 하나
로 활용되는 것은 드문 일이다. 프로파일러들은 이번 사건에서
처럼 심리 분석 결과가 수사나 판결에 도움이 될 때 보람을 느낀
다고 했다. 김성혜 경위는 "판결문에 언급될 때나 형사들이 사건
에 도움이 된다고 피드백을 줄 때 뿌듯하다"고 말했다.

학대로 인한 심리적 지배 극복 방법

1. 폭행에는 처벌이 따라야 한다는 점을 인식한다.

2. '이러다 말겠지'라는 생각을 버린다.

3. 경미한 폭행이 시작됐을 때 신고한다.

4. 가족이나 친구, 이웃 등 주변 사람들에게 도움을 요청한다.

5. 주변 사람들도 이상 징후를 감지하는 대로 경찰 등에 신고한다.

"물증 없는 데이트 폭력,
프로파일링이 범죄 찾아내죠"

프로파일링 하면 떠오르는 이미지는 미제 살인 사건이다. 15년간 미궁에 빠져 있던 아산 갱티고개 노래방 여주인 살인 사건과 오사카 니코틴 살인 사건에서 프로파일러들은 시간과 거짓말 뒤에 숨은 진범의 모습을 세상에 드러냈다.

그런데 살인 등 강력범죄만 프로파일링의 도움을 받아야 할까. 일반인들은 살인 사건에만 프로파일링이 필요할 것이라고 여기지만, 실제 현업에서 활동하는 프로파일러들의 생각은 조금 달랐다. 서울경찰청 과학수사과 소속 프로파일러 이주현, 김성혜, 이상경 경위와 박준희 경사는 이구동성으로 "데이트 폭력과 같은 여성·청소년 사건이야말로 프로파일러의 지원이 필요한 분야"라고 말했다.

왜 그럴까. 강력사건에서는 CCTV 영상이나 지문 같은 분명한 증거가 있는 경우가 많지만, 데이트 폭력 사건에선 연인 사이 은밀한 관계에서 발생하는 탓에 물증보다는 진술에 의존하는 경우가 많기 때문이다. 가해자와 피해자의 주장이 엇갈릴 때 진실을 가려내기가 쉽지 않은 셈이다. 2008년에 프로파일러로 선발된 이상경 경위는 "데이트 폭력 범죄는 가해 사실과 피해 사실을 증거로 명확히 입증할 수 있는 사건이 많지 않다"고 설명했다.

만약 연인 사이에서 가학성 행위가 발생해 한 명은 일방적 피해를 주장하고 또 한 명은 가학적 성향을 주장한다면, 어떻게 진실을 가려낼 수 있을까. 피해를 호소하는 사람이 상대를 무고했을 가능성도 배제할 수 없어 데이트 폭력으로 쉽게 단정 짓기도 어렵다.

2019년 서울송파경찰서에서 의뢰가 들어온 데이트 폭력 사건도 이와 비슷했다. 남성은 합의에 의한 성관계라고 주장하고, 여성은 성적 피해를 호소했다. 연애를 시작한 지 얼마 되지 않은 시점부터 심한 가학 행위가 이어졌다는 진술이 나와, 수사팀도 쉽게 판단을 내리지 못했다. 정말 피해가 발생한 것인지, 가학 행위를 당하면서도 여성이 연인 관계를 지속한 이유는 무엇인지 의문이 들 수밖에 없었다. 이런 상황에서 프로파일러는 사건 당사자들에 대한 심리 분석이라는 카드를 빼들었다.

팀을 이끄는 이주현 경위가 다른 사건을 지원하느라 바쁜 사이 김성혜, 이상경 경위와 팀 막내 박준희 경사가 사건 당사자와의 면담에 나섰다. 김성혜 경위는 "데이트 폭력 사건에서는 물증이 없어 두 사람의 관계를 파악하는 일도 중요하다. 프로파일러가 투입되면 피해자나 피의자가 왜 이런 행동을 하고, 이런 말을 하는지에 대해 분석해볼 수 있다"고 말했다.

이후 프로파일러들은 심리 분석을 통해 평범한 외면 뒤에 숨어 있던 가해 남성의 가학적 특성을 포착했고, 이러한 분석 보고서를 제출해 유죄 판결을 받아내는 데 기여했다.

프로파일링 기법은 2000년 서울경찰청 형사과 과학수사계에 범죄행동분석팀이 설치되면서 활용되기 시작됐다. 벌써 역사가 21년이나 됐다. 그러나 프로파일링의 출발이 형사과이다 보니 프로파일러들은 주로 강력사건에 투입돼왔다. 최근 들어 형사과 소관이 아닌 여성·청소년 관련 범죄에도 프로파일링을 활용하는 경우가 조금씩 늘어나고 있지만, 의뢰해 오는 수사관이 많지 않아 아직 활용도는 높지 않다.

프로파일러들은 여성·청소년 사건과 같은 범죄에서도 프로파일링이 필요하다는 인식이 경찰 조직 내에 자리 잡아야 한다고 말한다. 그래야 사건을 맡은 수사관 스스로가 필요성을 인식하고 프로파일링을 의뢰할 수 있기 때문이다.

"우리가 무슨 일을 하는지 잘 몰라서 (현장 수사팀에서) 의뢰를 하지 않는 경우도 있어요. 이런 사건에도 프로파일러가 투입되고 있다는 걸 알았으면 좋겠어요."

네 명 프로파일러들은 어떤 사건에서도 뛸 준비가 되어 있다고 말했다.

13

정남규 연쇄살인 사건

13명 목숨 앗아간 살인마,
프로파일러가 불쑥 던진 한마디에 입을 열다

"(수감 생활에서) 그 고통은 말로 다 표현할 수 없어요."

자신의 심정을 이해해주는 듯한 프로파일러 한마디에 13명의
목숨을 앗아가고 20명에게 씻을 수 없는 상처를 안긴 희대의 연
쇄살인범 정남규가 이렇게 말하며 고개를 떨궜다. 체포 이후에
도 줄곧 당당하던 모습은 온 데 간 데 없었다. 피도 눈물도 없을
것 같던 그의 눈엔 눈물이 가득 고였고, 마주한 이에게 마음을
연 듯 자신의 범죄 사실을 봇물 터지듯 털어놓았다. 프로파일러
라는 이름조차 생소했던 2004년, 1호 프로파일러 권일용 동국대
경찰사법대학원 겸임교수가 선택한 전략이 적중했다.

권교수가 연쇄살인범 정남규의 흔적을 처음 마주한 때는 2004년 2월이었다. 서울 서남부 지역에서 연달아 발생한 살인 및 살인미수 사건들의 연관성을 분석해보라는 임무를 받고서다.

서울경찰청 과학수사과 소속 프로파일러로 일하며 매일 일선 경찰서에서 올라오는 사건 발생 보고서를 들여다보던 시절, 권교수는 피해자들의 진술뿐 아니라 사건 발생 장소에도 주목했다. 하나같이 야외에서 발생한 범죄들이라는 데서 눈을 뗄 수 없었다. "노상에서 저지르는 범행이라면 단순히 성공과 실패로 갈리지 않을 것"이라는 직관이 작용했다. 실패는 다양한 형태로 나타날 수 있었다. 살인 및 살인미수에 도달하기까지 일어난 전조 현상을 찾는다면 사건을 해결할 실마리를 찾을 수 있겠다는 생각이 뇌리를 스쳤다.

권교수가 살인 사건과 관련한 보고서는 덮어두고 해당 경찰서의 관할에서 발생한 상해나 상해미수 사건까지 파고든 것은 그 때문이다. 캐비닛에 사건 파일이 쌓이고 숨겨져 있던 파편들이 하나씩 모이자 별개 사건으로 여겨졌던 미제 사건들이 하나의 실로 꿰어지기 시작했다.

피해자를 공격하는 방법이 특이했는데 그것이 범인의 족적이 돼줬다. 흔히 야외를 범행 장소로 택한 범죄자들은 어두컴컴한 곳에서 피해자를 공격하거나 등 뒤에서 공격하는 경우가 대다수인데, 정남규가 저지른 범행들은 반대였다. 가로등 아래, 집 앞처럼 환한 곳에서 피해자의 얼굴을 마주한 채 범행을 저질렀다.

"강도인 줄 알고 가방을 줬더니, 가방은 보지도 않고 히죽히죽 웃으며 연거푸 칼로 공격했다"는 것인데, 가까스로 살아남은 피해자들의 이런 진술이 설명되는 순간이었다.

현장에서 답을 찾아야 했다. 여전히 흐릿하기만 한 범인의 실체를 구체화하기 위해 권교수는 석 달여간 매일같이 사건 발생추정 시간에 맞춰 현장을 돌아다녔다. 범인처럼 생각하고 행동해야 그를 잡을 수 있다는 판단에서다. 하지만 권교수가 범인의 흔적을 쫓아 사건 현장 주변의 골목을 드나들고 경찰이 검문검색을 강화하자 정남규는 2004년 8월 범행을 끝으로 종적을 감춰버렸다.

잠잠하던 서울 서남부 살인 사건이 다시 발생한 건 1년이 채지나지 않은 2005년 4월이었다. 사건 장소는 야외에서 피해자집으로, 범행 시간은 모두가 잠든 새벽 시간대로 바뀌어 있었다. 범행 도구도 칼에서 무거운 공구로 달라졌다.

언뜻 앞선 사건들과 연관성이 없어 보였지만, 권교수는 "분명한 위험 신호"임을 직감했다. 한 방에 상대에게 치명타를 입힐 수있는 도구를 사용한다는 건, 범인이 점점 더 큰 자극을 느끼고 싶어 한다는 신호로 볼 수 있기 때문이다.

다시 시작된 연쇄살인은 하나같이 아동이나 여성 등 약자가피해자였고, 이들이 머무는 작은방이 범행 장소였다. 권위나 권력에 대항하는 성격이 아니라고 추측할 수 있는 대목이었다. 권교수는 형사들에게 '위협적인 표정과 어투를 사용하는 사람이 아니라, 눈을 잘 마주치지 못하고 질문에 벗어난 엉뚱한 대답을 하는 사람을 유심히 봐야 한다'는 탐문 가이드라인을 제시했다.

그로부터 1년 뒤인 2006년 4월 권교수는 강도 및 상해미수 사건으로 체포된 한 남성을 마주했다. 그 순간 자신의 추측 속에서만 존재하던 정남규임을 직감했다. 권교수는 "경찰서에 도착해 얼굴을 보는 순간 '얘가 맞구나'라는 느낌이 왔다. 내가 생각하던 범인의 특징과 정확히 들어맞았다"고 당시를 회상했다.

드러나지 않은 범행까지 밝혀내기 위해선 자백이 필수적이었다. 하지만 조사실에서 마주한 정남규는 입을 열 생각이 전혀 없었다. 수년간 프로파일링 과정에서 정남규와 수많은 가상의 대화를 해오던 권교수는 정남규에게 무심한 척 한마디를 던졌다.

"교도소에서 모르는 사람들과 생활하며 얼마나 고통스러웠을지 잘 알 것 같다."

권교수는 "정남규가 어렸을 때 성범죄 피해를 당한 적이 있고 사람을 만나는 걸 싫어하는 성격인데, 이런 사람이 성추행 등을 저지른 강력범들과 같은 방에서 수감 생활을 하면서 힘들었을 것 같아 이런 말을 던졌다"면서 "한참을 생각하더니 모든 범죄를 말하겠다고 나왔다"고 회상했다.

조사실을 나온 권교수는 정남규의 성격 특성에 적합한 수사 전략을 짰다. '내 말을 들어주겠구나'라는 생각이 들게끔 할 것,

권위와 권력에 위축되는 정남규의 특성을 고려해 조사시엔 수사관 한 명만 들어가 마주할 것 등이었다. 정남규가 말할 수 있는 환경을 조성하고, 그가 말하고 싶어 하는 걸 물어서 대답을 이끌어냈다. 범죄자의 특성을 파악해 우선 그 사람이 말하고 싶어 하는 것을 말하게 하는 것, 권교수가 현장에서 터득한 프로파일링 노하우였다.

프로파일링은 자백뿐 아니라 범행 동기를 파악하는 데도 유용하게 작용했다. 정남규는 철저히 사회로부터 고립된 섬과 같은 사람이었다. 그는 스스로를 사회 구성원이라고 생각하지 않고, 타인과 관계를 형성하는 데서 의미를 찾지 못했다. 사회 구성원으로서 인정받지 못해온 과거의 기억들 탓이었다.

정남규는 어린 시절 여러 차례 성범죄와 폭행 피해를 입고 경제적으로도 어려운 환경에서 자라나면서 자신이 세상으로부터 불공평한 대우를 받고 있다는 생각에 빠져 있었다. 이런 생각은 상대적 박탈감을 넘어 사회적 배제감으로 발전했다. 권교수는 "사회적 배제감은 사회 구성원으로서 참여할 기회를 박탈당했다고 느끼는 상태를 말한다. 이에 따라 자신은 사회와 단절됐다는 생각만 남게 된다"고 설명했다. 법원의 판결문에도 이 같은 내용이 포함돼 있다.

사회와 철저히 담을 쌓은 정남규는 서서히 괴물이 돼갔다. 어차피 자신과 상관없는 사람들이니 화가 나거나 감정이 격해져

해를 입혀도 죄책감을 느끼지 못했다. 사회질서를 유지하는 데 필요한 규범과 질서 따위는 스스로를 사회 구성원으로 생각하지 않는 이상 지킬 필요를 느끼지 못했다. 단순히 타인의 감정에 공감하지 못하는 사이코패스 성향이나 여러 성격 장애만이 그를 악인으로 만든 게 아니었다.

2004년 1월부터 본격적으로 범행을 시작해 2006년 4월 체포될 때까지 정남규는 중간중간 수개월씩 살인을 쉴 때도 있었는데, 이런 시기가 연쇄살인범들에게 흔히 드러나는 심리적 냉각기가 아니었다는 사실도 드러났다. 사람들이 그의 마수를 피해 문을 꼭꼭 걸어 잠그고 늦은 시간 외출을 꺼리게 됨에 따라 적합한 피해자를 찾기 어려웠을 뿐이었다.

호시탐탐 기회를 엿보던 시기에 정남규는 지난 범행 현장을 다시 찾기도 했다. 수사 상황을 파악하기 위해서가 아니었다. 차오르는 욕구를 다스리기 위해 현장을 찾아 살인의 추억을 되새기기 위해서였다.

2006년 9월 서울남부지방법원은 정남규에게 살인을 선고했다. 재판부는 "지나가던 부녀자나 집에서 잠을 자던 사람들, 친구와 놀던 어린이 등 평소 개인적인 원한이 있는 것도 아니고 아무 관계 없는 사람들을 대상으로 범행을 저질렀고, 범행 동기 역시 금품이나 성욕 만족이 아니라 사회에 대한 불만을 표출하고 살해와 방화를 통해 만족을 얻기 위한 것"이라고 밝혔다.

정남규 연쇄살인 사건

정남규는 구치소에서 스스로 목숨을 끊음으로써 자기 자신을 상대로 마지막 '연쇄살인'을 저질렀다.
사진 KBS 뉴스 캡처

　　2007년 4월 대법원은 13명을 살해한 혐의(강도살인) 등으로 기소된 정남규에 대해 사형을 선고한 원심 판결을 확정했다. 하지만 사형 선고가 내려진 지 2년 6개월여 뒤인 2009년 11월 정남규는 구치소에서 독방 생활을 하던 중에 스스로 목숨을 끊음으로써 자기 자신을 상대로 마지막 '연쇄살인'을 저질렀다.

연쇄살인범 정남규는 누구인가? _____

1969년
3월 1일
전북 장수에서 태어났다. 초등학생 시절부터 내성적이고 소심한 성격이던 그는 다른 사람과의 관계 형성에 어려움을 겪는다. 가족과의 관계에선 특별한 문제 없이 성장하지만, 열 살 무렵 동네 아저씨에게 성추행을 당한 이후 고등학교에 들어가서도 선배들에게 집단 폭행을 당하고, 군대와 교도소에서도 성추행을 당한다. 이에 따라 대인 기피 증세와 피해의식이 심해진다.

1989년
스무 살 무렵
특수강도죄를 저지른 것을 시작으로 이후 절도죄, 강간 등으로 교도소를 들락거린다. 출소한 후에는 마음속 깊이 열등의식을 갖고 함께 살던 어머니와 동생들과도 접촉을 피하면서, 다른 사람들과는 의사소통을 하지 않고 외부 세계와 단절된 채 고립된 생활을 이어간다.

2003년
2월
교도소에서 최종 출소한다. 자신은 다른 사람한테 늘 괴롭힘을 당하고 불이익을 받는다는 생각과 열등감을 품고 상대적으로 제압하기 쉬운 아동과 여성 등을 상대로 무차별적인 범행을 저지르기로 맘먹는다. 이후 범행 현장에서 경찰에 잡히지 않으려면 힘을 키워야 한다는 생각에 매일같이 10킬로미터씩 달리기 연습을 하는 등 체력을 단련한다.

2004년
1월 14일
경기 부천에서 남자 초등학생 두 명을 살해하면서 본격적인 살인 행각에 나선다. 이 사건은 범행 수법이 특이하고 범행 대상도 다른 사건들과 전혀 달라 당시 정남규의 연쇄 범죄로 추적되지 않았다. 나중에 체포된 뒤 프로파일러와의 면담 중에 우연히 단서가 잡혀 추궁 끝에 자백한다.

정남규는 2004년 1월부터 2006년 4월까지 2년 3개월여 동안 관악, 금천, 영등포구 등 서울 서남부와 인접한 경기 지역을 돌며 총 24건의 강도상해 및 살인 행각을 벌여 13명을 살해하고 20명에게 중상을 입힌다.

1월 30일
오전 3시쯤
서울 구로동의 빌라 1층 출입문 앞에서 우편물을 확인하던 50대 여성을 살해하려다 미수에 그친다. 이때부터 정남규는 인적이 드문 심야 시간에 주택가의 노상에서 여성들을 노린다. 또 피해자를 앞으로 돌려 세워 놓고 배와 가슴 등을 흉기로 수차례 찌르는 식으로 범행한다.

2월 6일
저녁 7시 10분쯤
서울 이문동의 한 골목길에서 출근하던 20대 여성

을 살해한다. 5개월여 후 붙잡힌 유영철이 이 사건은 자신이 저질렀다고 허위 자백하면서 한때 진범이 누구인가를 두고 논란이 일었다. 재판에서 유영철은 이러한 진술을 번복한다.

2월 10일 경기 군포에서 아침에 우유 배달을 하던 20대 여성을 잔혹하게 살해한다. 이처럼 정남규는 기존의 범행 장소에 집중되는 경찰 수사를 늘 의식해 인접한 경기 지역 도시로 범행 장소를 한두 번씩 바꾼다.

5월 9일 서울 동작구 보라매공원에서 밤늦게 귀가하던 여대생을 살해한다. 이 사건이 언론에 집중 조명되며 '서울판 살인의 추억'이라는 제하에 서울 서남부 지역에서 연쇄살인이 발생하고 있다는 보도가 나온다.

8월 4일 범행 지역을 서울에서 경기도로 옮겨 안양에서 단독주택에 침입해 쇠망치로 집주인을 살해하려다 미수에 그친다. 이때 주로 서민층 거주 지역을 배회하다가 문이 열린 집으로 들어가 무차별적으로 둔기를 휘두르는 식으로 범행 수법을 바꾼다. 연이은 언론 보도에 부담을 느낀 정남규는 이 사건을 끝으로 한동안 살인 행각을 멈춘다. 정남규는 자신의 범행을 다룬 신문 기사를 스크랩해 집에 보관하는 등 스스로의 범행 내용을 기록하기도 했다.

2005년 4월 6일
8개월 만에 범행을 재개한다. 안양의 다세대주택에 잠기지 않은 현관문을 열고 침입해 자고 있던 할머니와 손녀를 살해하려고 쇠망치를 휘두른다. 여기서 본격적인 방화 범죄가 수반된다. 두 피해자를 방 안에 두고 나와 밖에서 방문을 걸어 잠근 뒤, 거실에서 가스레인지를 통해 불을 붙여 불을 지른다.

10월 19일 새벽 5시 20분쯤
서울 봉천동의 반지하방에 열린 현관문을 통해 침입해 20대 여성을 살해하고, 피해자의 동생은 방에 남겨둔 채 문밖에서 문을 잠근 뒤 불을 지른다.

2006년 1월 18일 새벽 5시쯤
서울 수유동의 주택에 침입해 작은방에서 자고 있던 집주인의 작은딸을 살해한다. 정남규는 불을 지르고 빠져나오면서 화재로 인해 큰딸과 아들까지 숨진다.

3월 27일 새벽 4시 50분쯤
봉천동의 2층 주택에 침입해 세 자매가 자고 있던 작은방으로 들어간다. 미리 준비해 간 파이프렌치를 휘둘러 살해한 뒤 현장에 남아 있을지 모를 자신의 족적과 지문 등을 없애기 위해 집 안에 불을 지른다.

4월 22일
새벽 4시 40분쯤

서울 신길동의 주택에 침입해 작은방에서 돈을 훔치려고 옷을 뒤지던 중 잠을 자던 20대 남성이 몸을 뒤척이자 파이프렌치를 휘두른다. 이후 아들이 대항하는 소리를 듣고 달려온 아버지와 함께 부자가 격투 끝에 정남규를 붙잡는다. 곧 112 신고를 받고 출동한 서울영등포경찰서 경찰들에 의해 체포된다. 경찰이 순찰차에 태우는 과정에서 감시가 소홀한 틈을 타 달아나지만, 인근 주택 마당에 숨어 있다가 금방 다시 체포된다.

수사기관에서 조사를 받던 중 정남규는 사람을 죽이고 난 뒤 말로 표현할 수 없는 환희를 느꼈으며 구속돼 더 이상 살인할 수 없는 현실에서 아무런 삶의 의미도 찾을 수 없다는 취지로 말했다. 죄의식조차 없어 현장검증을 진행하던 중에 항의하는 유족에게 발길질을 하기도 했다. 재판을 받을 때는 "담배를 피우고 싶은 것처럼 사람을 죽이고 싶은 충동을 느낀 것"이라고 범행 동기를 설명했다. 무슨 이유가 있어서가 아니라 살인 그 자체를 위해 살인을 저질렀다는 얘기였다. 또 "내가 죽는 게

정남규 연쇄살인 사건

두렵기는 하지만 여러 사람을 죽였으니까 당연히
사형 선고를 받아야 한다고 생각한다"고 말했다.

2006년 9월 21일	서울남부지방법원이 강도살인 등 혐의로 기소된 정남 규에게 사형을 선고한다.
2007년 1월 11일	서울고등법원이 항소를 기각하고 사형을 선고한 원심 판결을 받아들인다.
4월 12일	대법원이 사형을 선고한 원심 판결을 확정한다.
2009년 11월 22일	정남규가 서울구치소에서 스스로 목숨을 끊는다.

> # "특수부대 키우듯 프로파일러를
> 양성해야 치안 서비스 높아져"

"점점 범죄는 진화해간다. 온라인에서 피해자를 극단적 선택으로 몰아가는 진화한 연쇄살인범이 나타난 것처럼. 변화하는 범죄에 대응할 수 있게끔 전문화된 프로파일러 양성 체계가 필요하다."

권일용 동국대 경찰사법대학원 겸임교수는 한국 1호 프로파일러다. 그는 경찰 제복을 벗은 2017년 4월까지 27년 8개월 동안 무려 18년간 프로파일링을 자신의 천직이라 생각하고 일해왔다. 누구보다 이곳의 생리를 잘 알던 그가 조직 밖에서 생활한 지 4년차에 접어든 지금, 더욱 전문적인 프로파일러 양성이 필요한 시점이라고 강조했다.

권교수는 2006년쯤부터 들어온 1기, 2기 프로파일러들이 성장해 충분히 전문성을 갖춘 만큼, 이제는 특정 분야에 특화된 프로파일러를 길러내야 할 때라고 피력했다. 범죄가 점차 고도화되는 현 사회 상황에 대응할 필요가 있다는 뜻이다.

권교수는 온라인 범죄에 주목했다. 그는 "연쇄살인범인 유영철과 정남규, 강호순이 이제는 온라인에서 활약한다고 보면 된다"며 "이들은 남의 집을 침입하고 노상에서 사람을 해하는 대신 모니터 뒤에 숨어 피해자들이 극단적 선택을 하게끔 종용하고 있다"고 했다. 그러면서 "이를 진화한 연쇄살인이라고 생각하고, 범죄를 저지르는 환경이나 피의자 프로필 등을 좀 더 보완할 필요가 있다"고 덧붙였다.

우선 프로파일러들이 지속적으로 범죄를 연구할 기회가 만들어져야 한다는 게 권교수의 생각이다. 현재 프로파일러들은 지역에 뿔뿔이 흩어져 있다가 대형 강력사건이 터질 때에야 함께 모여 토론할 기회가 생긴다. 권교수는 "프로파일러들은 실전에 투입되면 고참과 신참이 서로 얼굴을 붉히며 난상토론을 벌이는 문화가 형성돼 있어서 자신의 논리를 점검하고 또 점검하면서 성장할 수 있다"면서 "그렇지만 (지역에 흩어져 있는 상황에선) 연속성이 떨어진다는 한계가 있다"고 했다.

권교수는 당장 전쟁이 나지 않아도 침입시 강력한 반격을 하기 위해 특수부대를 키우는 것처럼, 프로파일러들이 꾸준히 모여 범죄를 연구할 환경이 만들어져야 한다고 강조했다. "전문성을 갖춘 프로파일러를 길러내면 결국 치안 서비스의 질이 높아지는 만큼, 지속 가능한 연구와 지휘 시스템이 자리 잡아 안전한 대한민국이 만들어지기를 소망한다."

14

인천 모자 살인 사건

남편이 두 사람을 살해하는 과정에
아내가 개입한 정황, 거듭된 반전

큰아들(32세)과 함께 살던 어머니(58세)가 집에 들어오지 않자 경찰에 실종 신고를 한 이는 다름 아닌 작은아들 A씨(29세)였다. A씨는 2013년 8월 16일 오후 5시쯤 경찰 지구대를 찾아 "등산을 갔던 어머니가 사흘이 되도록 돌아오지 않아 걱정된다"며 실종 신고를 냈다. 형보다 일찍 결혼해 따로 나와 살던 그는 8월 13일 어머니 집에 갔는데 형만 있고 어머니가 돌아오지 않아 이틀 연속 그곳에서 자면서 기다렸다고 했다.

실종 사건을 접수한 인천남부경찰서는 작은아들의 진술이 신빙성이 떨어진다고 판단했다. 어머니 집에서 출퇴근하며 경기도의 한 전자회사에 다니던 큰아들도 8월 13일 오후 7시 40분 친구와 통화한 이후 어떤 생활 반응도 나오지 않은 상태였다. 회사에 출근하지도 않았다. 말하자면 같은 날 모자가 동시에 사라진 셈이다. 그런데 작은아들은 어머니가 실종되고 이틀 후인 8월 15일에도 형을 봤다고 진술한 것이다.

수사팀이 주변 사람들을 상대로 탐문 수사를 진행해보니 평소 고부 갈등과 금전 문제 등으로 어머니와 작은아들이 사이가 좋지 않았던 것으로 밝혀졌다. 경찰은 모자가 같은 날 한꺼번에 행방불명된 점에 미뤄 범죄 가능성을 염두에 두고 추가로 강력팀을 수사에 투입했다.

실종으로 접수된 사건이 강력사건으로 전환된 날 어머니 집을 현장 감식하기 위해 과학수사 요원들이 출동했다. 그때 인천경찰청 소속의 프로파일러들도 함께 투입됐다.

3층짜리 원룸 건물을 보유한 어머니는 3층에서 살면서, 1층과 2층의 세입자들에게서 받는 월세로 생활하고 있었다. 3층 문을 열고 들어섰을 때 맨 처음 감식 요원들을 덮친 것은 락스(세정제) 냄새였다. 냄새의 진원지는 화장실이었는데 빠져나가지 않고 집안 전체에 낮게 깔려 있었다.

집에서는 별다른 흔적이 발견되지 않았다. 모자가 평소에 쓰던 물품 등이 제자리에 그대로 정돈돼 있었고, 누군가 애써 치우거나 청소한 모습도 보이지 않았다. 큰아들이 타고 다니던 차량도 주차돼 있었다. 화장실에서도 실종자들의 신체 일부나 혈흔

반응은 나타나지 않았다.

수사팀은 주위 사람들을 찾아가 계속 탐문 수사를 벌였지만 8월 13일과 14일 양일간 그 집에서 크게 다투는 소리를 들었다는 이웃은 없었다.

실종 사건이 일어난 지 일주일이 돼도 이렇다 할 단서조차 나오지 않는 가운데 8월 20일 경찰은 A씨를 상대로 거짓말탐지기 조사를 벌였다. 형의 실종 사실을 신고하지 않은 점이 의심스러운 마당에 참고인 조사에서 A씨가 형이 어머니를 살해하고 도망치고 있는 것 같다고 주장한 것이다. 수사팀의 눈에 그것은 어떤 시나리오를 염두에 둔 행동처럼 보였다.

거짓말탐지기 조사에서 '어머니'와 '형' 등의 단어가 나올 때마다 양성 반응이 감지되면서 A씨가 거짓말을 하고 있을 가능성이 확인됐다. A씨의 행동에 모순이 있다고 느낀 경찰은 8월 22일 새벽 그를 용의자로 전환해 긴급 체포했다. 하지만 검찰이 범행에 대한 증거가 부족하니 수사를 보강하라는 취지로 지휘하면서 A씨는 증거 불충분으로 체포된 지 15시간 만에 풀려났다.

수사본부를 꾸린 경찰은 A씨를 계속 용의선상에 올리고 그의 행적을 중심으로 수사망을 좁혀나갔다. 또 실종자들의 사진이 담긴 전단을 만들어 배포하는 한편 인력을 동원해 야산 등에서 수색을 펼쳐나갔다.

실종자들의 생사조차 확인되지 않고 있던 무렵 한 가지 단서가 포착됐다. 실종일 다음 날인 8월 14일 A씨가 형의 차량을 운전해 강원도에 다녀온 정황이 드러났다. 강원도 등지의 도로변에 설치된 CCTV에 차량이 찍혔고, 차량에서 발견된 8월 14일 강원도에 다녀온 통행료 영수증에서 A씨의 지문이 나왔다. 하지만 A씨는 형의 차량을 운전한 적이 없다며 강력히 부인했고, 경찰의 추궁에 한사코 입을 다물었다.

A씨를 둘러싼 수상한 행적이 계속 드러나면서 살해 의혹이 짙었으나 직접증거가 없었다. 일단 A씨가 8월 14일 형의 차량을 몰고 이동한 경로를 추적해보니, 오후 2시쯤 출발해 울진, 태백, 정선을 들렀다가 다음 날인 8월 15일 아침 7시쯤 인천으로 돌아온 것으로 확인됐다.

특히 울진에서는 차량으로 50분가량 걸리는 구간을 5시간 반만에 통과한 기록이 나왔다. 경찰은 이 시간 동안 A씨가 시신을 유기했을 가능성이 큰 것으로 봤다. A씨는 이 과정에서 증거를 남기지 않으려고 갖은 노력을 다했다. 차량의 내비게이션 및 블랙박스 메모리카드를 없앴고, 고속도로 요금소를 통과할 때 이동 경로가 노출되는 것을 염려해 하이패스 단말기가 있어도 일반 차로를 이용했다.

수사본부는 또 한 번 중요한 정황증거를 확보했다. A씨가 8월 14일 차를 몰고 어머니 집을 나설 때 근처 주유소에서 CCTV에 찍힌 것이다. 경찰은 곧바로 영상 분석을 국립과학수사연구원에 의뢰하는 한편으로 CCTV 영상에서 차량 타이어가 눌리고 차

인천 모자 살인 사건

체가 밑으로 내려와 있는 모습에 주목했다. 그리고 같은 차량으로 주유소 CCTV 앞에서 모자의 몸무게 합인 125킬로그램이 나가는 물체를 차량에 싣고 여러 차례 실험을 진행했다. 며칠 뒤 국립과학수사연구원에서 차체 중심이 125킬로그램 정도의 물체를 실은 것처럼 밑으로 내려앉았다는 영상 분석 결과가 나왔다.

여전히 A씨의 살인 혐의를 입증할 직접증거는 없는 상황에서 사건을 해결할 실마리는 뜻밖에도 A씨의 아내 B씨에게서 나왔다. 사실 경찰은 수사 초기 단계부터 A씨와 B씨를 사건의 공범으로 보고 있었다. B씨가 남편이 시어머니와 시아주버니를 살해하는 과정에 개입한 정황을 포착한 것이다.

우선 범행 전인 7월 말 A씨와 B씨 부부가 주고받은 메신저에서 놀랍게도 살해 방법과 증거 은닉, 매장 등에 대해 나눈 대화를 찾아냈다. 여기서 증거를 은닉하기 위해 락스를 사용해야 한다는 내용과 "땅을 파고 자갈을 깔고 불이 번지지 않게"라는 매장과 관련한 내용이 언급됐다.

또 범행하기 전 8월 10일과 11일 A씨는 인근 마트에서 청테이프와 장갑, 락스 등 범행에 사용할 도구를 구입하는데, 경찰은 당시(8월 11일) B씨도 함께 있었던 사실을 CCTV 영상을 통해 확인했다. 영상에서 B씨가 용기의 글씨를 확인하며 꼼꼼히 락스를 고르는 모습이 관찰됐다.

더 나아가 8월 13일 A씨가 어머니를 살해한 것으로 추정되는

차남 A씨는 고속도로 요금소를 지날 때도 이동 경로가 노출되지 않도록 하이패스 단말기가 있어도 일반 차로를 이용했다.

시간에 네 차례에 걸쳐 B씨와 통화했다는 점을 밝혀냈다. 사건 당일 이웃들이 집에서 다툰 소리를 듣지 못했다면 A씨가 수면제를 음료수에 타 어머니와 형에게 먹여 불가항력의 상태로 만든 뒤 살해했을 가능성도 있었다. 불면증 때문에 평소 수면제를 자주 복용한 A씨 부부는 수면제의 효능에 대해 잘 알고 있을 것이라 봤다. 이 지점에서 아내 B씨가 개입했을 가능성도 제기됐다.

이를 보면 B씨가 범행 준비 단계부터 가담했을 가능성이 컸다. 하지만 경찰은 유의미한 진술을 얻어내기 위해 B씨를 참고인 신분으로 두고 계속 조사해나갔다.

특별한 직업이 없던 B씨는 평소 범죄 관련 서적이나 살인 사건을 다룬 시사 프로그램을 즐겨 봤다. A씨는 2013년 5월에서

7월 사이 컴퓨터에 살인 사건 등을 다룬 프로그램을 29건이나 내려 받은 이유에 대해 추궁받자 "아내의 꿈이 프로파일러다. 아내가 내려 받은 것이다"라고 주장했다.

이러한 측면에서 프로파일러는 B씨와 만나는 기회를 늘리며 대화를 진행해나갔다. A씨의 말처럼 B씨의 꿈이 프로파일러가 되는 것이었으므로 프로파일러가 되는 방법과 맡은 일 등에 대해 많은 얘기를 나누면서 자연스레 친근감을 유지했다. 그렇게 대화하던 중 9월 중순쯤 B씨가 남편이 시신을 유기할 당시 동행했다며 시신을 유기한 장소를 지목했다.

수사는 새로운 국면을 맞았다. 그런데 B씨의 진술은 남편의 범행 사실을 이미 알고 있었다는 인정이 아니었다. 8월 14일 동행하던 차 안에서 자신은 수면제를 먹고 자고 있었는데 잠결에 그런 정황을 느꼈다고 추정하는 식이었다. B씨는 나중의 조사에서 "이혼 이야기가 오가던 남편으로부터 화해 여행을 가자는 연락이 와 따라나섰을 뿐"이라며 "나중에 생각해보니 시신을 넣은 것으로 보이는 가방을 남편이 유기한 것 같아 경찰에 알렸다"고 진술했다.

즉 자신은 살해 과정에 개입하지 않았을 뿐 아니라 처음부터 남편의 단독 범행이라는 주장이었다. 이후 A씨도 범행 일체를 자백하면서 아내에 대해서는 "아내는 시신을 유기할 당시 수면제를 먹고 차 안에서 자고 있었다. 아내가 시신 유기 장소를 알고 있을 줄 몰랐다"고 두둔했다.

시신을 유기한 곳은 A씨가 도박을 위해 즐겨 찾던 정선 카지노 주변의 한 야산과 A씨의 외가가 있는 울진이었다. 시신을 두 곳에 따로따로 유기한 것은 물론 경찰 수사에 혼선을 주기 위해서다. 만약 두 시신이 한곳에서 발견될 경우 남은 가족인 자신이 유력한 용의자로 떠오를 위험이 있다는 점도 감안했을 것이다.

9월 23일 경찰은 B씨를 데리고 정선의 한 야산에서 수색 작업을 벌였다. 결국 오전 9시 10분쯤 어머니로 추정되는 시신을 발견했다. 시신은 청테이프로 손과 발이 묶이고 비닐과 이불에 싸인 채 여행용 가방 안에 들어 있었다. 부패가 심했지만 흉기에 찔리거나 둔기에 맞은 흔적은 확인되지 않았다.

경찰 수사는 급물살을 탔다. 어머니의 시신이 발견되자 결국 사건이 발생하고 한 달 넘게 부인하던 A씨는 심경에 변화를 일으켜 모든 것을 내려놓았다.

A씨는 "도박과 과소비 등으로 생활고를 겪다가 어머니의 재산을 노리고 범행했다"고 자백했다. 8월 13일 어머니의 집을 찾아가 살해했고 시신을 집 안에 숨겼다. 형이 퇴근하자 A씨는 형에게 수면제를 탄 맥주를 마시게 한 후 살해하고, 어머니와 형의 시신을 포장했다. 다음 날 아내 B씨와 함께 형의 승용차를 타고 울진에 형의 시신을, 정선에 어머니의 시신을 각각 유기했다.

자백한 다음 날인 9월 24일 A씨는 울진까지 경찰과 동행해 형의 시신을 유기한 장소를 알려주었다. 비닐에 싸인 시신을 수습

해보니 훼손돼 있었다. A씨는 형의 시신을 훼손한 이유에 대해 무거운 시신을 운반하기 어려워 그랬다고 했다. 그날 오후 A씨에 대한 구속영장이 발부됐다. 사건은 그렇게 발생한 지 40여 일 만에 일단락되는 듯했다.

다음 날 경찰은 B씨를 참고인에서 피의자 신분으로 바꿨다. 시신을 유기한 장소에 대한 진술이 나온 이상 그렇게 전환해도 될 타이밍이었다. 경찰은 A씨가 어머니와 형의 시신을 유기할 때 B씨가 함께 있었다는 점에 미뤄 두 사람이 사전에 입을 맞추고 허위 진술을 하는 것으로 봤다. B씨에게 단순히 시체유기 방조 혐의가 아니라 공범으로서 남편과 같은 혐의가 적용될 수도 있는 상황이었다.

피의자 신분으로 첫 조사를 받고 돌아간 다음 날 B씨는 다시 경찰서에 나타나지 않았다. 출석 시간이 지나도 연락이 되지 않자 경찰은 B씨의 집을 찾았고, 인기척이 없자 119 구급대와 함께 강제로 들어갔다가 숨진 B씨를 발견했다. B씨는 공범으로 몰려 억울하다는 내용의 유서를 남겼다. 갑작스러운 자살이었다.

경찰은 최종 수사 결과 A씨가 금전 문제로 마찰을 빚은 어머니와 형을 잔인하게 살해한 것으로 가닥을 잡았다. 어머니는 A씨가 결혼할 때 1억 원 상당의 빌라까지 마련해주었는데, 퀵서비스 및 택배 일을 하던 A씨는 2012년부터 정선 카지노에 수십 차례

인천 모자 사건의 범인인 차남 A씨의 모습. 사진 MBC 뉴스 캡처

출입하며 돈을 날렸다. 2012년에는 신용불량자가 됐는데도 도박장에 계속 출입해 2013년 7월쯤에는 7000만 원에 이르는 빚을 졌다. 결국 도박 빚에 쫓겨 빌라도 팔아버리고 월세 집에서 거주하게 됐다. 어머니의 지인 중엔 2013년 7월 A씨가 어머니에게 1억 원에 달하는 돈을 달라고 요구했고 어머니가 이를 거절했다고 진술한 이도 있었다. 전형적인 패륜 범죄였다.

A씨 부부는 도박 등으로 생활고를 겪으며 함께 불면증과 우울증에 시달려 자주 수면제를 처방받아왔다. 경찰이 A씨를 범인으로 추정하고 수사망을 좁혀오자 A씨는 경찰 출석을 앞둔 9월 18일 집에서 자살을 기도하기도 했다.

금전 문제 때문에 어머니를 살해했다지만 왜 형까지 살해했는지는 석연치 않다. A씨는 형과는 의사소통이 별로 없었지만 관계가 나쁘지 않았다고 진술하기도 했다. 나중에 자백할 때는 "어머니의 사체를 은닉하기 위해 형 소유의 자동차가 필요하기도 했고, 범행이 들킬 것 같아서"라고 했다. 경찰은 우선 A씨가 형이 어머니를 살해한 것으로 꾸미려고 형을 살해했을 것으로 봤다. 실제로 수사 초기에 A씨는 자신의 혐의를 부인하면서 형이 어머니를 살해했을 것이라고 주장했다. 물론 A씨의 자백처럼 어머니만 혼자 실종되고 나면 저간의 사정을 잘 알고 있는 형은 바로 자신을 의심할 정황도 작용했을 것이다. 끝으로, 경찰이 어머니와 형의 시신을 찾지 못해 계속 실종 상태로 남는다면 어머니의 재산을 자신이 상속받을 것이라는 계산을 했을 수도 있다. 그것은 형과 나누지 않고 고스란히 전 재산을 챙기려는 계산이기도 하다. 경찰이 복원한 A씨의 컴퓨터에선 범행 전에 '등기 서류', '가족 간 자동차 명의 이전' 등의 단어로 검색한 기록이 나왔다.

A씨의 요청에 의해 국민참여재판으로 진행된 1심 재판에서는 배심원 아홉 명 중 여덟 명이 사형 의견을 냄에 따라 재판부는 2013년 12월 존속살해 및 살인 등 혐의로 기소된 A씨에게 사형을 선고했다.

시신 유기 장소를 지목해 사건 해결의 물꼬를 튼 B씨는 실제 어느 정도까지 범행에 가담했을까. 1심 법원은 A씨가 2건의 살인 모두에서 B씨와 공모해 살해했다고 밝혔다. 또 시신을 훼손하고 유기한 부분에 대해서도 B씨와 공모한 것으로 판단했다.

아내는 범행에 가담하지 않았다고 주장하던 A씨도 뒤늦게 자살 소식을 듣고 공판이 시작되자 아내가 범행에 가담한 부분을 구체적으로 털어놨다. 그동안의 진술을 바꾼 것이다. 더 나아가 A씨 측은 "B씨가 범행을 주도하고 피고인(A씨)이 마치 이에 휘둘리거나 이용당해 범행을 한 것"이라고 주장했다. 하지만 재판부는 이런 A씨의 태도에 선을 긋고 범행 동기에 대해 판단할 때도 A씨의 주장처럼 고부간의 갈등과 어머니에 대한 원망으로 보기보다는 "피고인이 스스로의 사치와 도박 중독 등으로 재산을 탕진한 후 경제적으로 궁핍해지자 이를 타개하기 위한" 것으로 봤다.

항소심 재판부는 2014년 7월 A씨 측의 양형 부당 주장을 받아들여 무기징역으로 감형했다. 그러면서 B씨의 가담 정도에 대해 좀 더 세밀한 부분까지 들여다봤다. 결국엔 공모라고 판단하는 선에서 그친 1심과 달리, 범행 준비 단계에선 평소 살인 범죄에 관심과 지식이 많았던 B씨의 주도하에 이뤄진 것으로 판단했다. 추가적인 정황도 밝혔는데, 두 사람은 범행 전날 범행에 사용할 비닐을 함께 접으며 범행을 준비한 것으로 드러났다.

살인을 실행하는 단계에서도 A씨는 아내와 통화한 사실이 있다는 것에 대해 수사기관에서는 입을 다물다가 법정에서 인정했다. '전화로 아내에게 어머니를 살해한 사실을 알렸고, 아내는 당황하는 나를 진정시키며 범행을 숨기는 것이 필요하다면서 사체

은닉에 방법에 대해 말했고, 형을 수면제를 이용해 죽일 수밖에 없다고 말했다'는 취지로 진술한 것이다. 즉 살인은 A씨가 단독으로 실행했지만 직후 전화를 해 범행과 관련한 모의를 했다는 판단이다.

시신을 훼손한 부분에 대해선 B씨의 착안에 의해, 또는 B씨의 지시에 따라 A씨가 실행하고, 시신을 유기한 부분에 대해선 둘이 같이 차를 타고 다니면서 실행한 것으로 봤다.

항소심 재판부는 B씨의 범행에 대한 판단을 뒷받침하기 위해 프로파일링 보고서도 인용했다. "B의 메모하는 습관, 범죄행동분석에 대한 관심, 신경정신과 치료 경력이 피고인에 비해 더 오래된 점으로 보아 B가 이 사건 범행을 모의, 계획하고 실행하는 중심인물일 것으로 판단된다"는 내용이다.

재판부는 B씨가 수사기관에서 범행을 부인한 부분에 대해서도 대검찰청에서 운영하는 국가디지털포렌식센터에 의뢰해 '진술 분석'을 실시했다. 센터는 B씨가 결혼한 경위와 시어머니와 얽힌 에피소드에 대해선 자세히 언급하면서도, 정작 범행 정황과 공모 사실에 대해서는 '기억나지 않는다'와 '모른다' 등으로 대답을 회피한 것을 보아 자신은 사체 은닉 현장에 따라가기만 했을 뿐 적극 가담한 사실은 없다는 그의 진술은 신빙성이 떨어진다고 분석했다.

결국 재판부는 이번 사건에 대해 "피고인과 피고인의 처가 자신들의 낭비와 도박으로 인해 생활고를 겪게 되자, 재산 상속을 목적으로 공모해, 피고인의 어머니와 형을 살해한 후 범행을 은폐하기 위해 그들의 사체를 손괴하고 은닉한 것"으로 결론 내렸다.

하지만 이러한 판단은 B씨가 자살한 이후에 이뤄진 것이다. 자살 이후 그의 범행 가담 정도에 대한 평가는 남편의 진술에 따라, 수사기관 및 재판부의 추가 판단에 따라 심각한 것이었다는 쪽으로 흘러갔다. 그래도 이러한 판단은 일정한 한계에 부딪칠 수밖에 없다. 더 이상 본인의 진술을 통해 확인할 수 없기 때문이다. 들어야 할 이야기가 남아 있을지도 모른다.

인천 모자 살인 사건 일지 _____

2013년 8월 13일
인천에서 10억 원대 건물을 소유한 58세 여성과 그의 장남이 실종된다. 경찰은 차남이 8월 13일과 14일에 이들을 살해한 것으로 추정한다.

8월 14일부터 15일까지
차남이 경북 울진과 강원 정선에서 각각 형과 어머니의 시신을 유기하고 인천으로 돌아온다.

8월 16일
차남이 경찰에 어머니가 실종됐다고 신고한다.

8월 22일
경찰이 존속살해 및 살인 혐의로 차남을 긴급 체포했다가 증거 불충분으로 석방한다.

9월 17일
차남 부인 B씨가 남편이 시신을 울진에 유기했다고 지목한다. 경찰은 바로 수색 작업을 벌였으나 시신을 찾지 못한다.

9월 18일
차남이 경찰 출석을 앞두고 집에서 자살을 기도하지만 미수에 그친다.

9월 22일
경찰이 체포영장을 발부받아 다시 차남을 체포한다.

9월 23일	차남 부인 B씨가 시신 유기 장소로 지목한 정선에서 어머니로 추정되는 시신을 발견한다. 경찰은 곧바로 차남에 대한 구속영장을 신청한다.
9월 24일	차남이 범행 사실을 자백한다. 경찰은 차남과 동행해 울진에서 장남의 시신을 찾아낸다.
9월 26일	경찰에서 피의자 조사를 받고 귀가한 차남 부인 B씨가 자택에서 유서를 남기고 스스로 목숨을 끊는다.
12월 18일	인천지방법원이 차남에게 사형을 선고한다.
2014년 7월 24일	서울고등법원이 원심을 파기하고 차남에게 무기징역을 선고한다.

15

'어금니 아빠' 추행·살인 사건

여중생 딸의 친구를 살해한 사건부터
아내 자살방조 사건까지

2017년 9월 30일 여중생 딸이 밤늦도록 돌아오지 않자 밤
11시 20분쯤 부모가 인근 지구대에 실종 신고를 접수했다. "딸이
친구를 만나러 나가서 들어오지 않고 휴대폰도 꺼져 있다"는 내
용이었다.

경찰은 실종된 여중생의 행적을 조사하고 주변 사람들을 탐문
하던 중 실종 당일 한 친구를 만난 뒤 연락이 끊긴 사실을 파악
했다. 이후 친구의 신원과 집 주소를 알아내려고 수소문한 끝에
10월 2일 오전 11시쯤 친구의 집을 찾아낼 수 있었다. 하지만 문
이 잠겨 있고 집엔 아무도 없었다.

경찰은 본격적으로 친구 집 주변의 CCTV를 살펴보다가 피해

자가 친구와 함께 친구 집으로 향한 뒤 나오지 않은 사실까지 확인했다. 그런데 그 집은 보통 집이 아니었다. 집주인인 친구 아버지는 언론에 여러 차례 소개됐던 화제의 인물이었다. 그때야 실종 사건을 맡고 있던 서울중랑경찰서 실종수사팀은 형사과가 이미 친구 어머니의 자살 사건을 내사하고 있다는 사실도 알게 됐다.

이후 경찰은 실종 사건을 형사사건으로 전환하고 유력 용의자로 친구 아버지를 추적했다. 그러던 중 10월 5일 서울 도봉구 한 은신처에서 잠자고 있던 친구와 친구 아버지를 긴급 체포했다. 두 사람은 수면제를 먹어서 의식이 온전히 않은 상태였다.

범인은 2006년부터 잇몸에 종양이 자라는 희귀 난치병으로 알려져 각종 매체의 관심을 받아온 '어금니 아빠' 이영학(당시 35세)과 여중생 딸(14세)이었다. 부녀가 앓고 있는 '거대백악종'은 치아와 뼈를 연결하는 조직에 종양이 자라는 유전병으로 성인이 될 때까지 수시로 수술을 받지 않으면 종양이 커져 얼굴이 뒤틀리고 호흡 곤란으로 결국 사망에 이르게 된다. 자신과 같은 병을 가진 딸을 지극히 돌본 사연으로 언론에 여러 차례 소개돼 화제가 됐고, 많은 얼굴 수술을 받아 치아 중 어금니만 남게 돼 '어금니 아빠'라는 별칭으로 불려왔다.

두 사람이 피해자의 사체를 유기한 곳은 강원도 영월의 깊은 야산이었다. 현장 수색에 나선 경찰은 이씨의 집 앞에 설치된 CCTV에서 10월 1일 오후 5시 18분 딸이 피해자의 시신이 든 것으로 추정되는 검은색 여행 가방을 아버지와 함께 차량 트렁크에 싣는 영상을 확보했다. 딸 이양이 어떻게 해서 친구를 유인하고 나중에는 그 시신을 유기하는 일에 가담했는지 이해가 되지 않았다.

여중생 딸의 친구를 살해하고 시신을 유기한 사건. 하지만 이영학은 검거됐을 당시에는 시신 유기 혐의만 인정했다. 그가 자살하려고 준비해놓은 약을 집에 놀러 온 피해자가 잘못 먹어 숨졌다는 것이고, 시신을 어찌할지 몰라 궁리하다가 영월의 한 야산에 유기했다는 진술이었다. 하지만 이미 타살된 정황이 있다는 국립과학수사연구원의 부검 결과가 나온 상황이라서 처음부터 거짓말임이 의심됐다.

영월로 가기 전에 자신의 홈페이지에 '동해로 간다'며 가짜 알리바이를 만들고, 서울에서 출발할 때 차량의 블랙박스를 떼었다가 돌아와서 다시 설치하는 등 계획적 범행을 꾸민 정황도 드러났다. 10월 6일에는 도피 과정에서 이씨를 도운 지인과 홈페이지에 자살을 암시하는 글을 대신 게시한 이씨 형도 함께 구속됐다.

사건의 첫 번째 의문점은 왜 피해 여중생이 범행 대상이 됐느냐였다. 경찰 수사에서 이영학의 딸이 돌연 초등학교 동창이던 피해자에게 9월 29일 만나자는 연락을 해온 것으로 밝혀졌다. 9월 30일 낮 12시쯤 피해자는 이양을 만나 낮 12시 20분 이영학의 집으로 들어갔다. 당시 집에는 이영학도 있었다. 딸은 오후

여중생 딸의 친구를 살해하고 시신을 유기한 '어금니 아빠' 이영학이 2017년 10월 11일 서울 중랑구 사건 현장에서 진행된 현장검증에서 시신이 든 검정색 가방을 차에 싣는 장면을 재현하고 있다.
사진 신상순

3시 40분쯤 혼자 집에서 나와 다른 친구들을 만나러 갔는데, 이 영학이 저녁 8시쯤 딸을 데리러 나왔다. 이영학과 피해자 단둘이 4시간 정도 집에 있었던 셈이다.

또 공교롭게도 이영학의 아내 A씨(32세)가 사건이 발생하기 한 달쯤 전인 9월 6일 자택에서 투신해 사망한 일이 있었다. 사실 A 씨의 몸에 폭행을 당한 흔적이 있어서 경찰 수사과에서 이번 여 중생 살인 사건 이전부터 이영학을 자살방조 및 폭행 혐의로 내 사하던 중이었다.

숨지기 닷새 전인 9월 1일 A씨는 강원 영월경찰서에 이씨의 의붓아버지 B씨(60세)가 자신을 8년간(2009년 3월부터 2017년 8월까지) 수차례 성폭행했다며 고소장을 냈다. 당시 A씨는 남편 이씨와 함께 영월경찰서를 직접 방문해 고소장을 접수했다. 9월 5일에도 추가 피해 사실을 신고하자 경찰은 B씨를 불러 조사했다. B씨는 혐의 사실을 부인했다. 그리고 A씨는 하루 만인 9월 6일 오전 12시 50분쯤 서울 집 5층에서 떨어져 숨졌다. 고소인이 피고소인 조사 직후 사망한 것이다.

이영학의 딸 친구인 피해자가 영월의 야산에서 시신으로 발견되자, 10월 10일 영월경찰서는 B씨를 성폭행 혐의로 다시 소환했다. 경찰로서는 이영학 아내의 성폭행 고소 사건이 여중생 사망 사건에 어떤 영향을 미쳤는지, 또 두 사건이 어떤 연관이 있는지를 확인할 필요가 있었다.

이때까지도 이영학은 아내의 자살을 비관해 스스로 목숨을 끊으려고 보관하던 약을 피해자가 먹어 사고로 숨졌다는 주장을 이어나갔다. 하지만 이영학이 아내의 자살을 방조했을 가능성까지 복잡하게 얽히면서 사건은 여전히 미궁에 빠져 있었다.

체포된 후 '어금니 아빠'가 딸 수술비 명목으로 후원받은 돈을 개인적으로 유용한 정황이 속속 드러났다. 이영학은 2006년 12월부터 각종 방송에 출연해 자신과 딸의 사연을 알리고 인터넷 블로그에 '딸의 수술비가 부족하다' 등의 글을 올림으로써 후원금을 호소했다. 서울에서 출발해 정동진까지 가는 자전거 대

장정과 소액 기부 캠페인을 벌이기도 했고, SNS상에서도 딸의 후원금을 요청하는 글을 수차례 올렸다. 수사 결과 이영학이 2005년부터 2017년까지 모은 후원금은 총 12억 원에 달했다.

그런데 수술비가 없다던 이영학은 고급 외제차를 사고 개조하는 데 수천만 원을 쓰며 호화로운 생활을 즐겼다. 주변에 생활고에 시달린다고 말해오던 이씨가 아니었다. 그는 모금한 돈으로 차량 20대를 사고 문신과 성형을 하는 등 딸의 치료와는 관계없는 개인 유흥비로 지출했다. 그의 전신 문신은 조직폭력배들이 즐겨 하는 문양으로 해당 업계에선 적어도 3000만 원이 넘는 비용이 든다고 했다.

그러던 중 국립과학수사연구원에서 약독물 검사를 실시한 결과 숨진 여중생의 시신에서 수면제 성분이 검출됐다고 알려 왔다. 이에 따라 경찰은 이영학이 피해자에게 수면제가 든 음료수를 먹인 뒤 살해했을 가능성이 크다고 보고 범행 과정과 동기 등을 집중적으로 캐물었다. 피해자가 이씨 부녀의 집으로 들어간 9월 30일 낮 12시 20분부터 이씨 부녀가 여행 가방을 싣고 영월로 출발한 10월 1일 오후 5시 18분까지, 29시간 사이에 무슨 일이 일어났는지를 밝혀야 했다. 특히 딸 이양이 집을 비운 사이 이영학의 행적이 관건이었다.

검거되고 닷새가 지난 10월 10일 이영학은 살인 혐의를 인정했다. 조사를 받던 딸 역시 범행 과정에 일부 동참한 사실을 털어났다. 다만 범행 동기와 구체적인 범행 수법에 대해선 입을 다물었다. 딸은 아버지 이씨가 피해자를 콕 집어 '집으로 데리고 오라'고 시키면서 수면제가 들어간 음료수를 먹이겠다고 했고, "아빠한테서 '내가 죽였다'는 말을 들었다"고 진술했다.

실제 딸은 아버지 이영학의 지시에 따라 피해자에게 "내일 집에서 영화를 보면서 놀자"고 연락했다. 9월 30일 낮 12시 피해자를 만나 집으로 데려온 딸은 이영학이 미리 준비해둔 수면제가 들어간 음료수를 피해자에게 직접 건넸다. 이어 "잠시 나가 있으라"라는 이영학의 말에 딸은 오후 3시 40분쯤 다른 친구들과 놀기 위해 집을 나섰다. 그날 밤 피해자의 어머니로부터 전화를 받고는 "(9월 30일) 오후 2시 30분쯤에 시장 앞 패스트푸드점에서 헤어졌다"고 둘러댔다.

시신이 나체 상태로 발견된 것 외에는 성폭행 정황이나 흔적은 나오지 않았다. 하지만 딸이 장시간 자리를 비켜준 점과 집에서 음란성 성기구가 발견된 점, 이영학이 특정인을 지목한 점 등을 두고 경찰은 범행 동기가 성과 관련됐으리라고 추정했다. 또 아버지의 지시에 따라 딸이 피해자를 집으로 유인한 사실 등을 볼 때 부녀가 사전에 준비한 계획범죄일 가능성이 컸으므로 경찰은 딸에 대해서도 시신유기 등 혐의로 구속영장을 신청했다.

9월 30일 외출했다가 돌아온 딸은 곧바로 자기 방으로 들어가 안방에서 잠들어 있던 친구의 모습은 보지 못했다. 이영학은 10월 1일 오전 11시 53분에 딸이 다시 외출하자 피해자를 살해했다. 이후 오후 1시 44분에 귀가한 딸에게 이영학은 "내가 그애를 죽였다"고 얘기했다. 이때 딸도 직접 피해자가 숨진 사실을 확인했다.

수사 결과 이영학은 딸과 함께 피해자의 시신을 유기하고 서울로 돌아오는 길에 차 안에서 동영상을 촬영한 사실이 드러났다. 그는 의붓아버지에 의한 아내 성폭행 사건을 경찰이 제대로 수사하지 않아서 아내가 자살했다고 주장하는 한편으로 이번 여중생 살인 사건도 사고였다는 취지로 언급했다. 이 동영상을 본 범죄 분석 전문가들은 이영학이 사이코패스일 가능성에 대해 언급했다. 사체를 유기하고 이동하는 길에 찍은 동영상인데 피해자에 대한 직접적인 언급이 한마디도 없다는 이유에서다. 자신의 억눌린 감정과 분노에 대해선 과장해 말하면서 자신이 저지른 가해 행위에 대해선 아무런 가책을 느끼지 않은 모습은 전형적인 사이코패스의 특징이라는 것이다.

이영학의 평소 행동에도 미심쩍은 부분이 많았다. 아내가 사망한 뒤 시신에 말을 걸면서 입을 맞추고 영정 사진을 안고 노래를 하는 등 엽기적 행동을 하는 동영상을 직접 찍어 이를 방송국에 보내기도 했다. 또 아내가 투신하고 구급차가 집 앞에 도착했을 당시 인근 CCTV에 찍힌 영상에는 이영학이 자살한 아내를 본 후 태연히 휴대폰을 만지면서 구급차에 동석하지 않는 모습도 잡혔다.

또 경찰의 압수수색 과정에서 이씨의 휴대폰과 컴퓨터, 디지털카메라에서 성관계 동영상 수십 건이 발견됐다. 이중에는 투신자살한 아내가 등장하는 동영상도 다수 있었다. 이를 통해 이영학이 퇴폐 업소를 운영하며 아내를 동원해 성매매를 알선한 것이 아니냐는 의혹도 제기됐다. 이를 본 전문가들은 그가 비정상적으로 성에 집착하는 성도착증 성향을 보인다고 진단하기도 했다.

경찰은 최종 수사 결과를 발표하면서 이영학의 범행 동기에 대해 아내가 자살한 뒤 성적 요구를 해소하기 위해 유인하기 쉬운 딸 친구를 범행 대상으로 정한 것이라고 밝혔다. 이영학이 수면제에 취해 잠든 피해자에게 성추행을 하다 피해자가 깨어나 저항하자 살해한 것이었다. 살해 추정 시간은 딸이 외출한 10월 1일 오전 11시 53분부터 오후 1시 44분 사이였다. 경찰은 피해자가 반항하자 우발적으로 살인한 것으로 봤다.

딸의 감정 표현도 정상적이지 않았다. 아버지가 지시하는 대로 말하고 따르는 모습을 보면 정상적인 부녀 관계라 할 수 없었다. 특히 친구를 유인하는 과정에서 왜 아버지 이영학의 지시를 그대로 따랐는지 의문이 커져갔다. 딸은 아버지가 친구에게 수면제가 담긴 음료를 먹이려는 사실을 미리 알고 있었고, 심지어 음료를 직접 건네기도 했다. 딸을 찾는 피해자 어머니에겐 거짓말도 했다. 이후 친구의 시신을 아버지와 함께 유기했다.

이양을 면담한 프로파일러들은 이양이 아버지에게 심리적으로 강하게 종속돼 있는 상황에서 범행에 가담한 것으로 파악했다. 평소 이영학은 딸을 아끼고 위하는 마음이 컸으며 딸도 심리적으로 아버지를 따랐다. 숨진 어머니보다 아버지에게 더 애착을 느꼈다. 어머니의 죽음을 안타까워하면서도 아버지와 분리된 상태를 더 불안하고 초조하게 느꼈다. 한마디로 아버지가 없으면 본인이 죽는다고 생각할 정도로 심리적 종속 관계가 깊었다.

프로파일러들은 "딸이 제대로 가치 판단을 하기 훨씬 전부터 유전병을 물려받았고 이와 관련한 고민 상담을 하거나 정보를 얻는 통로가 아버지밖에 없었기 때문에 자신도 모르게 심리적으로 의지했을 것"이라고 말했다. 즉 희귀병 때문에 전적으로 아버지에게 의지해 살아오면서 평범한 부녀 관계를 뛰어넘어 아버지를 맹목적으로 따른 것으로 보았다. 또 프로파일러들은 지시가 부적절하고 비정상적인 것이라 하더라도 아버지가 한 것이라면 의심 없이 받아들이는 심리 상태여서 딸이 아버지의 계획이 틀어지지 않도록 도와야 한다는 생각으로 행동한 것으로 봤다.

면담 과정에서 친구가 사망했다는 사실을 확인하고는 딸은 정상적인 감정 반응을 보였다고 한다. 놀라면서 울음을 터뜨린 것이다. 다만 자신은 아버지가 친구에게 무슨 짓을 하는지 몰랐다고 진술했다. 또 아버지의 범행에 대해서는 가치 판단을 거부하면서 인정하지 않는 태도를 보였다. 그러다 11월 초 미성년자 유인 및 사체유기 혐의로 구속된 이후 딸은 아버지와 분리된 상태에서 조금씩 심경에 변화를 일으켰다.

이영학은 검찰로 송치되는 날 경찰서 유치장에서 나와 호송차에 오르기 전 취재진 앞에 섰다. "내가 아내가 죽은 후 약에 취해 있었고 한동안 제정신이 아니었다"고 하면서 "아내가 나를 사랑하는 것을 증명하려고 자살했다. 아내의 죽음에 관심을 가져달라"고 언급했다. 그의 발언은 자신의 범행에 쏠린 사람들의 관심을 아내의 억울한 죽음 쪽으로 돌리려는 의도가 다분했다.

10월 14일 영월경찰서는 이영학의 아내 A씨를 성폭행한 혐의를 받던 의붓아버지 B씨를 불러 거짓말탐지기 조사를 실시했다. 그러다 10월 25일 B씨가 자택에서 목을 매고 숨진 모습으로 발견됐다. 자신은 결백하니 누명을 벗겨달라는 취지의 유서도 함께 발견됐다. 이로써 A씨를 둘러싼 성폭행 사건은 당사자인 A씨와 B씨가 모두 숨져 그 진실을 밝히기는 어렵게 됐다.

한편 아내 투신자살 사건에서 이영학의 개입 여부를 수사해온 경찰은 추락으로 인한 머리 손상이라는 국립과학수사연구원의 부검 결과에 따라 타인에 의해 추락한 정황이나 사망에 이를 만한 외상이 없다고 보고 자살로 결론 내렸다. 이영학이 아내의 죽음에 관계됐다는 증거는 찾지 못한 셈이다. 다만 아내 A씨가 스스로 목숨을 끊은 당일 이영학이 알루미늄 모기약통으로 A씨의 머리에 크게 상해를 입혔는데, 경찰은 A씨가 지속적인 가정 폭력과 성매매 강요 등으로 지친 상태에서 투신 직전 이영학한테

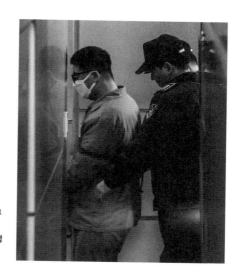

이영학이 2018년 2월 21일 서울북부 지방법원에서 열린 1심 선고공판에 출석하기 위해 호송차에서 내려 법정 으로 이동하고 있다. 사진 배우한

서 욕설을 듣고 상해를 입자 처지를 비관해 충동적으로 목숨을 끊은 것으로 추정했다.

검찰은 이영학에 대한 임상심리평가 및 심리생리분석 등을 실시하고 그가 희귀 질환을 앓는 것에 피해의식을 가져 이에 대한 보상으로 남성성에 과도하게 집착한다는 분석 내용을 제시했다. 또 성일탈검사(KISD)에서 이영학은 변태성욕 장애를 갖고 있고 가학적 성적 행위에 집착한 것으로 조사됐다. 검찰은 이영학에 대한 사이코패스 성향도 파악했다. 사이코패스 체크리스트 검사 결과 이영학은 40점 중 25점을 받아 위험 수준인 것으로 판단됐다.

1심 재판부는 이영학에게 사형을 선고했지만, 항소심 재판부는 "피고인을 이성적이고 책임감을 가진 사람으로 취급해 최고형인 사형을 선고하는 것은 가혹하다"며 무기징역으로 감형했다.

특히 항소심 재판부는 이영학의 행위를 계획적인 것이라 본 1심과 달리 추행유인 외에 강제추행과 살해, 사체유기 부분에 대해서는 치밀히 준비한 계획범죄라고 보지 않고 우발적 범행으로 판단했다. 이영학이 딸에게 "집안 형편이 어렵거나 부모와 사이가 좋지 않은 친구가 있으면 말해달라"고 말한 것을 두고, "가출 청소년이던 아내와 비슷한 상황에 있는 아이를 데려와 추행한 후 아내가 돼달라고 설득하면 승낙할지도 모른다는 터무니없는 망상"을 갖고 있었다고 판단했다. 즉 살인에 계획성이 없었다고 봤다.

또 항소심 재판부는 이영학에 대한 정신 감정도 다시 실시했다. 치료감호소는 이영학에게는 정신병질적이고 반사회적 성격의 특성이 있으나, 소아성애 장애라고 볼 수는 없다는 내용의 보고서를 냈다. 이영학의 가학증적 성행위가 배우자에게만 국한돼 있기에 타인에게 위협적이지 않고, 변태성욕을 갖고 있기는 하나 장애 진단 기준을 충족할 정도는 아니라고 봤다. 또 한국 성범죄자 위험성 평가척도(KSORAS) 결과표에 따르면 위험성 수준이 중간 단계(7~12점)에 속하는 11점이라고도 했다.

대법원은 2018년 11월 29일 이영학에게 무기징역을 선고한 원심을 확정했다. 또 이영학의 딸에 대해서도 장기 6년, 단기 4년 형을 선고한 원심을 확정했다.

사건 일지 _____

2005년 12월부터 2006년 4월까지 이영학의 딸이 종양 제거 수술을 받는다. 이후 2007년, 2010년, 2015년에도 수술을 받았다.

2006년 12월 거대백악종을 앓는 부녀의 사연이 방송된 뒤 이영학이 '어금니 아빠'로 화제의 인물이 된다.

2007년 10월 이영학이 자신과 딸의 사연을 담은 책 〈어금니 아빠의 행복〉을 출간한다.

2009년 3월 이영학이 딸의 치료비를 마련하기 위해 미국행에 나선다.

2017년 2월 이영학 부녀의 사연을 다룬 다큐멘터리가 TV에서 방영된다.

2017년 9월 1일 이영학 아내 A씨가 영월경찰서를 찾아가 남편의 의붓아버지(시어머니와 사실혼 관계에 있는 남성) B씨한테 성폭행을 당했다며 고소장을 제출한다. 이때 이영학도 동행했다.

9월 6일
오전 12시 50분쯤

A씨가 자택에서 투신해 사망한다. 경찰은 이때 수사 과정에서 성관계 동영상 등 이영학의 범죄 정황이 의심되는 증거물을 확인한다.

9월 30일
낮 12시 20분쯤

이영학 부녀가 사전에 공모한 상태에서 딸이 피해자를 만나 집으로 데려온다. 곧 딸이 수면제를 탄음료수를 피해자에게 건네고, 또 수면제를 감기약인 척 먹인다. 이후 딸이 다른 친구들을 만나러 4시간가량 외출한 사이 이영학이 피해자를 추행한다. 피해자의 부모가 오후 11시 20분께 지구대에 가출 신고를 한다.

10월 1일
낮 12시 30분쯤

수면제 약효가 떨어진 피해자가 깨어나 소리를 지르자 이영학이 살해한다. 딸은 오전 11시 53분에 외출했다가 오후 1시 44분에 귀가한다.

오후 5시 18분

이영학 부녀가 차량에 시신을 담은 여행 가방을 싣고 나간다. 이후 영월의 야산에 피해자의 시신을 유기한다. 그날은 정선의 한 모텔에서 숙박한다.

10월 3일

서울로 돌아온 이영학 부녀는 지인의 도움을 받아 도

봉구 은신처로 이동한다.

10월 5일   경찰이 도봉구 은신처에서 이영학 부녀를 긴급 체포 한다.

10월 6일   경찰이 이영학을 대동해 유기 장소를 수색하던 중에 피해자의 시신을 발견해 수습한다.

10월 8일   이영학은 경찰 조사에서 사체유기 혐의만 인정하고 살인 혐의는 부인한다. 경찰은 이영학을 구속한다.

10월 9일   이영학 딸이 경찰 조사에서 "아빠가 친구를 죽였다고 말했다"고 진술한다.

10월 10일   이영학이 경찰 조사에서 피해자를 살해한 혐의를 시 인한다. 경찰은 이영학 딸에 대해서도 사체유기 혐의 로 구속영장을 신청한다.

10월 12일   경찰이 이영학의 얼굴 등 신상 정보를 공개하는 한편 으로 프로파일러를 사건에 투입한다. 법원은 이영학 딸에 대한 구속영장을 기각한다.

10월 13일 경찰이 이영학이 성욕을 해소할 목적으로 범행한 것
으로 결론짓고 사건을 검찰에 송치한다.

**2018년
2월 21일** 서울북부지방법원이 이영학에게 사형을 선고한다.

9월 6일 서울고등법원이 이영학에 대해 무기징역으로 감형한
다.

11월 29일 대법원이 이영학에게 무기징역을 선고한 원심을 확정
한다. 또 이영학의 딸에 대해서도 장기 6년, 단기 4년
형을 선고한 원심을 확정한다.

16

보성 어부 살인 사건

20대 여행객 4명, 평범한 70대 시골 노인의
넉넉한 인심을 믿고 배를 탔다

2007년 9월 25일 오후 2시 40분쯤 남편의 휴대폰에 이상한 문자메시지가 떴다.

"저희, 조금 전에 전화기를 빌려준 사람인데요. 배에 탔다가 갇힌 것 같아요. 경찰 보트 좀 불러주세요."

부부는 추석 연휴를 맞아 전남 보성의 녹차밭과 해수욕장으로 나들이 나온 행락객이었다. 3시간 전쯤인 오전 11시 30분 아내가 길이 엇갈린 남편을 찾기 위해 해수욕장 주변에서 우연히 20대 초반 여성 두 명에게 휴대폰을 빌려 쓴 적이 있었다. 그때 만난 여성이 휴대폰에 남은 전화번호로 연락한 것 같았다. 영문을 알 수는 없지만 긴박한 상황에 처한 듯했다. 부부는 곧바로 경찰에 신고했다.

신고를 접수한 전남 보성경찰서 강력팀은 실종자가 위기 상황에서 구호 요청을 한 것으로 파악하고 여성의 휴대폰으로 계속 통화를 시도했다. 하지만 연결되지 않았다. 곧바로 수사에 착수한 경찰은 헬리콥터와 경비정을 동원해 해수욕장 앞바다와 해상에서 수색 작업을 벌였다.

이튿날인 9월 26일 아침 8시 20분쯤 해수욕장에서 900여 미터 떨어진 앞바다에서 조 모(24세) 씨가 숨진 채 발견됐다. 9월 28일 오전 3시 30분쯤엔 조씨가 발견된 곳에서 2킬로미터쯤 떨어진 득량만 앞바다에서 함께 실종된 안 모(23세) 씨의 시신이 발견됐다. 두 여성의 시신엔 예리한 흉기에 찢기고 온몸에 심하게 맞은 흔적이 있었다.

경찰은 우선 실종 추정 시간에 출항한 선박들이 있는지 추적했다. 그러던 중 9월 27일 "70대로 보이는 할아버지가 20대 여성들을 배에 태웠다"는 목격자들의 진술을 확보했다. 또 인근 주민 오 모(70세) 씨의 1톤급 어선이 사건 당일 선착장에 정박한 위치가 오전과 오후 달랐던 점을 밝혀냈다. 이를 토대로 오씨의 배를 뒤지던 중 안씨의 신용카드 등을 찾아냈다.

오씨를 긴급 체포한 경찰은 조씨의 목에 상처가 나 있고 발목이 부러진 점 등으로 미뤄 두 여성이 살해된 것으로 봤다. 하지만 오씨는 여성들을 배에 태운 사실은 인정하면서도 본인들이 발을

헛디뎌 바다에 떨어진 것이라며 살해 혐의를 강하게 부인했다. 그러면서 자신의 배에서 사고가 난 것이 무서워서 신고하지 못했을 뿐이라고 주장했다.

"출항할 준비를 하는데 두 여성이 배에 태워달라고 하기에 그냥 태워줬다. 그러다 여성 한 명이 소변을 본다고 해서 안 보이는 데로 가라고 했는데 이동 중에 실족사했다. 다른 여성도 친구를 구하려다 바다에 빠졌다."

수색 끝에 오씨의 배에서 피해자들의 머리띠와 볼펜, 머리카락 등이 계속 나오자 그때야 오씨는 "두 여성을 바다로 밀었다"며 범행 일부를 시인했다. 경찰은 일단 오씨에 대해 살인 혐의로 구속영장을 신청했다. 하지만 오씨는 잘못을 뉘우치기보다 범행을 발뺌하는 데 급급했다. 추가 증거가 드러나면 그때 가서 진술을 번복하는 식으로 경찰 조사 내내 수사팀을 괴롭혔다.

이보다 앞선 8월 31일에도 주말을 맞아 보성 바닷가로 놀러온 20대 남녀 대학생 둘이 종적을 감췄다가 변사체로 발견된 사건이 있었다. 그날 오후 5시쯤 친구 사이인 김 모(20세) 씨와 추 모(20세) 씨는 보성 바닷가에서 배를 타고 나갔다가 연락이 끊겼다. 여행을 갔던 자녀들이 돌아오지 않고 연락이 되지 않자 부모들은 이튿날인 9월 1일 경찰에 실종 신고를 했다. 경찰은 두 대학생의 휴대폰에 대해 위치 추적을 하는 등 동선을 파악해나갔다.

추씨는 실종된 지 사흘 만인 9월 3일 보성 해수욕장 건너편인

고흥 앞바다에서 시신으로 발견됐다. 김씨도 9월 5일 인근 득량면 앞바다에서 숨진 채 발견됐다. 이후 피해자들의 발목과 팔꿈치가 부러지는 등 타살 흔적이 보임에 따라 경찰은 수사를 살인사건으로 전환했다.

수사를 진행하던 중 추씨의 통화 내역에서 실종 당일 119에 네 차례 전화한 기록을 찾아냈다. 통화 내용은 없었지만 배의 엔진 소리로 추정되는 기관 소리가 녹음된 사실을 확인했다. 그것은 터보가 장착되지 않은 오래된 엔진 소리여서 수사팀은 피해자들이 여행을 하던 중 작고 오래된 배를 탔을 것이라고 추정했다. 또 인근 CCTV를 분석한 결과 피해자들이 실종 당일 오후 4시 15분쯤 선착장으로 이동하는 것까지 확인했다.

그렇게 이십여 일 동안 경찰이 대학생들의 타살 정황을 뒤쫓던 중 추석 연휴 기간에 20대 여성 두 명이 실종된 두 번째 사건이 일어난 것이다. 살인이라면 연쇄였다. 경찰은 이들 대학생 두 명이 당초 실종된 장소가 해수욕장 부근으로 20대 여성 두 명의 실종 장소와 멀지 않은 점과 피해자들이 발목에 골절상이 입은 것이 유사한 점에 미뤄 동일범의 소행으로 보고, 오씨를 상대로 두 사건의 연관성에 대해 집중 추궁했다. 당시 김씨도 안씨처럼 발목이 부러져 있었다.

이로써 보성 해수욕장 앞바다에서 한 달 사이 여행을 온 20대 남녀 네 명이 의문의 익사체로 발견되자 마을 주민들은 불안해하며 밤길을 다니지 않았다. 평화롭던 해수욕장 해변은 어느덧 공포의 바닷가로 변해 있었다.

마침내 9월 30일 경찰 조사에서 오씨는 "배에 타보고 싶다"는 조씨와 안씨를 자신의 배에 태우고 바다로 나간 뒤 성추행하려다 두 여성이 반항하자 바다에 빠뜨려 살해했다고 자백했다.

오씨는 9월 25일 오전 11시 30분쯤 선착장에서 만난 두 여성을 자신의 주꾸미잡이 어선에 태워 바다로 나갔다. 선착장이 시야에서 사라지자 노인의 태도가 돌변했다. 곧바로 겁에 질린 두 여성을 번갈아 성추행하기 시작했다. 피해 여성 중 한 명은 오씨가 다른 여성에게 정신이 팔린 틈을 타 오전에 해수욕장에서 휴대폰을 빌려준 여성에게 경찰을 보내달라는 취지의 문자메시지를 보냈다.

피해 여성들은 상황을 벗어나기 위해 사력을 다했지만 역부족이었다. 좁은 어선 위에서 한참 동안 몸싸움을 하던 중 서로 뒤엉키며 모두 바다에 빠지고 말았다. 바다에 익숙한 오씨는 재빨리 배에 올라탔다. 그러나 오씨는 바다에 빠진 여성들을 구조하기는커녕 오히려 죽음으로 내몰았다. 자신이 성추행한 사실이 들통 날까 봐 두려웠던 것이다.

오씨는 뒤따라 배에 오르던 조씨를 학갓대(2미터 길이의 나무막대 끝에 부표를 끌어당기기 위해 갈고리를 매단 어구)로 바다로 밀어 넣어버리는 잔인함을 보였다. 이어 오씨는 그 틈을 타 어선에 올라

온 안씨를 바다에 빠뜨리려다 거세게 반항하자 학갓대로 폭행한 뒤 바다에 던지고 달아났다.

오씨는 집에 돌아와서도 편히 잠을 잤고, 사체가 연이어 발견되는 중에도 평소와 다름없이 주꾸미 등을 잡아 시장에 내다 팔았다. 또 생선을 보관하기 위해 자전거로 사흘에 한 번씩 얼음을 사다 날랐다.

이제 오씨는 두 여성을 살해한 사실은 인정했으나 자신은 두 남녀 대학생은 본 적도 없다며 부인하고 있었다. 두 여성 살해 사건은 자신의 배에서 증거가 나와서 인정했지만, 두 대학생 살해는 그런 것이 없는 이상 어찌 될지 모를 일이었다. 경찰은 잡아떼는 노인 앞에서 큰 난관에 부딪쳤다. 그때 의외의 장소에서 결정적인 증거가 나왔다.

10월 말 한 어민이 꼬막을 채취하고 선별하던 중 추씨의 것으로 추정되는 디지털카메라를 우연히 발견한 것이다. 국립과학수사연구소가 카메라의 메모리칩을 어렵게 복원하고 감식을 진행한 끝에 추씨의 소유인 사실을 확인했다. 카메라엔 사진 50여 장이 담겨 있었는데 놀랍게도 남자친구 김씨의 모습뿐 아니라 오씨의 배와 오씨의 모습까지 고스란히 찍혀 있었다. 그것은 배 안에서 가까이 찍은 사진들이었고, 결국 사건 당일 살해된 두 대학생이 오씨의 배에 탔다는 것을 입증할 단서였다. 나중에 법원도 이를 중요한 증거물로 채택했다.

오씨는 두 20대 여성을 살해한 사실은 인정하면서도 앞서 두 대학생을 살해한 사실은
강하게 부인했다. 사진 MBC 뉴스 캡처

경찰은 오씨가 여대생 추씨를 성추행하는 과정에서 두 사람을
살해한 것으로 보고 구체적인 범행 동기와 과정 등을 추궁했다.
결국 오씨는 드러난 객관적 증거 앞에서 두 대학생도 자신이 살
해했다고 자백했다.

오씨는 사건 당일 두 대학생을 태우고 어장으로 가는 도중 여
대생 추씨를 성추행하기로 마음먹고 먼저 남자친구인 김씨를 살
해하려 갑자기 바다로 밀었다. 김씨가 다시 배에 올라오려 하자
이번에 오씨는 학갓대로 김씨의 발목 등을 내리쳐 떼어냈다. 그
뒤 추씨를 성추행하려 했으나 저항하자 추씨까지 물에 빠뜨려
숨지게 했다. 범행 동기나 과정이 두 여성 살인 사건과 동일했던

피해자 카메라에서 복원된 사진

경찰 수사 중반에 우연히 발견된 피해자의 디지털카메라에서 사건 당시 피해자가 찍은 오씨의 모습이 복원돼 나왔다. 사진 SBS '그것이 알고 싶다' 화면 캡처

셈이다.

당시 수사를 이끌던 보성경찰서 강력팀장도 이때를 수사의 성패를 가르는 순간으로 회상했다.

"그런 증거물(디지털카메라)이 없었다면 범행을 입증하는 데 상당히 어려운 점이 있었을 것이다. 억울하게 죽은 피해자들이, 그 원혼들이 그렇게 결정적인 증거를 보내주지 않았을까 하는 마음이 들 정도로 입증하는 데 큰 도움이 됐다."

20대 남녀 네 명이 연속해 살해된 사건의 범인이 70대 어부로 밝혀짐에 따라 70대 노인이 어떻게 20대 남녀들을 제압할 수 있었는가에 사람들의 궁금증이 쏠렸다. 그런 시골 노인이 끔찍한 범행을 저지를 줄 누가 상상이나 했겠는가.

사건 발생 당시 현장에 출동했던 프로파일러는 우선 주변 지리와 장소의 특성상 바다에 익숙한 자의 소행일 것이라고 추정했다. 또 평소에는 타인의 부탁을 잘 들어주는 친절한 사람으로 보일 수 있다고 했다. 하지만 범인은 겉으로 보기에는 165센티미터도 채 되지 않는 키에 비교적 왜소한 체구를 가진 평범한 노인이었다. 그런 의미에서 보성 어부는 보통 사람들이 전혀 예측하지 못한 범죄자였다.

훗날 프로파일러는 "노인들은 성적 욕구가 없을 것이라는 생각은 편견에 불과하다. 심리적으로 성적 욕구는 모든 사람에게 똑같이 나타난다"고 돌아봤다. 또 "젊고 체격이 건장했다면 여행객인 피해자들이 긴장했겠지만 시골 노인이어서 경계심이 풀어질 수밖에 없었을 것"이라고 덧붙였다. 그 때문에 남녀 피해자 네 명 모두 아무런 의심 없이 시골 노인의 넉넉한 인심을 믿고 배를 태워달라고 부탁했다. 역설적이게도 범인이 동정심을 유발하고 포악하게 접근하지 않는 인물이어서 이후 납치와 살인이 가능했던 셈이다.

하지만 바다 한가운데로 나와 배 위에서 노인이 성추행범으로 돌변하자 상황은 달라졌다. 오랜 어부 생활로 단련돼 칠순의 나이가 무색할 정도로 몸이 다부지고 힘이 셌던 오씨에게 20대 남녀들은 속수무책으로 당할 수밖에 없었다. 그는 겉으로는 짧은 고수머리에 햇볕에 그을린 전형적인 어부의 모습을 했지만 불법 어로 행위와 폭력 전과 이력을 가진 소유자였다.

또 범행이 이뤄진 오씨의 1톤급 조그만 배는 아무리 건장한 사람이라도 걸어 다니기 힘들 정도로 기우뚱거리고 중심을 잡기 어려워서 젊은이들이 배에 익숙한 오씨를 당해내지 못했다. 반면 오씨에게 비좁은 배 안은 그야말로 매일같이 경제활동을 하는 직업 세계였다. 물론 승선 경험이 없는 젊은이들에게 바다 한복판에서 작은 배에 고립돼 있다는 상황 자체가 커다란 두려움으로 다가왔을 것이다.

다만 프로파일러는 작은 배로 조업하는 경우 공간이 협소해 불편하므로 어부들이 좀처럼 여행객을 태우지 않는다는 점으로 미뤄 첫 번째 사건은 충동적인 범죄일 가능성이 있다고 봤다. 그렇지만 9월의 두 번째 사건에서 피해자들을 목격되기 어려운 선착장 쪽으로 유도해 승선을 유도한 부분은 범행이 진화한 것으로 파악했다. 즉 선착장의 맨 끝에 공사를 하다가 방치한 곳이 있었는데 피해자들에게 그쪽으로 가서 기다리면 태우겠다고 한 것이다.

이런 점에서 첫 번째 사건에서 경찰 수사가 진행됐는데도 자신이 용의선상에 전혀 오르지 않는 것에 자신감을 얻어 범인이 두 번째 사건으로 나아간 것으로도 볼 수 있었다. 또 수사팀이 피해자들(남성 한 명, 여성 세 명)이 젊은 여성들이라는 이유로 범인상을 청장년층 남성으로 고정해놓고 수사를 진행했다면, 검거가 늦어지면서 범인은 또 다른 범행을 시도했을 가능성이 컸다.

한편 대학생 피해자들이 8월 31일 오후 6시 25분에서 6시 40분 사이에 119에 휴대폰으로 네 번이나 전화를 걸었을 때 범행 당시의 배 엔진 소리뿐 아니라 오씨의 목소리까지 녹음된 사실이 추가로 드러났다. 119에 네 차례 건 통화 중 4차 통화에 "어디서 무전하니"라는 오씨의 음성이 1.2초 동안 녹음돼 있었다. 이러한 사실은 숭실대 소리공학연구소가 광주지방검찰청 순천지청의 의뢰를 받아 119 전화에 녹음된 범인의 목소리와 오씨의 목소리를 성문 분석을 통해 비교한 결과 밝혀졌다. 이처럼 새로 밝혀진 증거는 공소 제기에 또 하나의 결정적 단서로 작용했다. 비록 1초 남짓 녹음된 목소리이지만 범인을 규명할 물증을 확보한 것이다.

1심 법원은 노인에게 사형을 선고했고, 항소심도 원심을 인용해 사형을 선고했다. 특히 항소심 재판부는 "채 한 달도 되지 않은 간격에 두 번의 범행을 연쇄적으로 저지르면서 두 번째 범행에서는 처음부터 추행하려는 목적을 갖고 의도적으로 더 외진 선착장으로 유도해 승선시키는 면밀하고 계획적인 범행으로 발전한 점" 등을 지적하며 참회하지 않고 변명을 계속 늘어놓는 오씨에게서 교화 가능성을 찾기 어렵다고 판단했다.

오씨 측은 대법원에 상고했으나 기각되면서 2010년 6월 사형이 확정됐다. 현재 오씨는 국내 최고령 사형수로 수감 중이다.

사건 일지 _____

2007년 **8월 31일**	범인 오씨가 20세 남녀 대학생 두 명을 어선에 태우고 바다로 나간다. 추씨를 성추행할 목적으로 우선 김씨를 바다로 밀고 폭행해 살해한다. 이후 추씨를 성추행하려다 반항하자 추씨마저 바다에 밀어 빠뜨린다.
9월 3일	고흥 앞바다에서 추씨의 시신이 조선소로 향하던 어선에 의해 발견된다.
9월 5일	보성 앞바다에서 남학생 김씨의 시신이 해안을 수색하던 경찰에 의해 발견된다.
9월 25일	오씨가 어선에 20대 직장 여성 두 명을 태우고 바다로 나간다. 한 명은 성추행하다 물에 빠뜨리고, 다른 한 명과는 몸싸움을 벌이다가 함께 바다에 빠진다. 오씨가 먼저 배에 올라 물에 빠진 여성을 올라오지 못하게 제지하고 도주한다.
9월 26일	조씨의 시신이 경찰의 수색 중에 보성군 앞바다에서 발견된다.

9월 27일	경찰이 사건 발생 당일 오씨가 두 여성을 태웠다는 증언을 확보하고 오씨를 긴급 체포한다.
9월 28일	안씨의 시신이 득량만 앞바다에서 발견된다. 오씨가 범행 일부를 시인하고, 경찰은 살해 혐의로 오씨에 대한 구속영장을 신청한다.
9월 30일	경찰 조사에서 오씨가 성추행할 목적으로 두 여성을 살해했다고 자백한다.
10월 말	추씨의 디지털카메라가 발견된 뒤 오씨는 두 대학생까지 자신이 살해했다고 자백한다.
2008년 2월 20일	광주지방법원 순천지원이 오씨에게 사형을 선고한다.
2010년 3월 25일	광주고등법원이 오씨의 항소를 기각하고 사형을 유지한다.
6월 10일	대법원이 상고를 기각하고 사형을 선고한 원심을 확정한다.

보성 어부 살인 사건

17

창원 골프연습장 납치 살인 사건

9일간의 도주극 이면엔…,
6년 전 금은방을 털던 단순 강도에서 살인강도로

골프연습장 직원은 부부 싸움인 줄 알았다고 했다. 차 안으로 끌려가는 40대 여성의 다리를 보고 비명을 듣고도 그것이 납치라고 생각하지 못했다.

"뒷좌석 문이 열린 상태에서 열린 문 밖으로 여자 다리가 보였다가 안쪽으로 끌려 들어가는 장면을 보고 이상하다고 생각했는데, 운전석에 있던 사람이 차량을 정차하고 내려 뒷좌석 문을 닫았다. 그런데 그 문을 닫는 사람이 너무 태연하고 느긋하게 문을 닫아서 별일이 아닐 거라고 생각하고, 그 당시에는 경찰에 신고하지 않았다."

그날 직원은 나서지 않고 그대로 지나쳤다.

경남 창원서부경찰서는 "아내가 실종됐다"는 남편의 신고를 받고 이미 수사에 착수한 상태였다. 골프연습장 CCTV엔 3인조 강도의 스포티지 차량과 피해자의 아우디 승용차가 드나드는 장면이 찍혀 있었다. 안타깝게도 범행이 일어난 지하주차장의 장소는 카메라가 미치지 못하는 사각지대여서 피해자가 납치되는 모습은 찍히지 않았다.

셋 중 가장 나이가 어린 동생 심 모(29세) 씨가 먼저 잡혔다. 그는 2017년 6월 초 육촌 형인 심 모(31세) 씨로부터 "100만 원을 줄 테니 운전만 해라"는 제안을 받고 범행에 가담했다고 했다. 경찰이 뒤쫓는 또 한 사람은 형 심씨의 여자친구 강 모(36세) 씨였다. 그의 자백에 따르면 셋은 치밀한 범행을 준비했다.

6월 24일 오후 5시경 경남 창원의 골프연습장, 고급 외제 승용차를 탄 피해자가 주차장으로 들어왔다. 그날 오후 2시 20분께부터 대기하며 대상을 물색하고 있던 3인조는 그녀를 범행 대상으로 결정했다. 피해자가 돈이 많을 것으로 보였다는 것이다. 이틀 전인 6월 22일에도 범행 현장에 나와 사전 답사했다. 그들은 피해자의 차 옆에 자신들의 스포티지 차량을 바짝 세웠다.

3시간 반쯤 지난 저녁 8시 30분 피해자가 골프 연습을 마치고 귀가하기 위해 지하주차장으로 내려왔다. 트렁크에 골프 가방을 실으려는 순간 두 심씨가 그녀를 불러 세웠다. "저기요." 일당이 순식간에 덮쳐 피해자를 스포티지 안으로 밀어 넣었다.

KBS1
경남 창원 서부경찰서
30초 뉴스
골프연습장에서 여성 납치 후 살해…20대 1명 체포

창원서부경찰서는 골프연습장에서 여성을 납치하고 시신을 유기한 혐의로 동생 심씨를 먼저 체포했다. 사진 KBS 뉴스 캡처

강씨는 피해자의 아우디 차량을 몰고 먼저 빠져나가고, 두 심씨는 스포티지에 피해자를 태우고 경남 고성 쪽으로 이동했다. 피해자는 입에 재갈이 물리고 손발이 청테이프로 결박된 상태였다. 2시간여 뒤인 밤 10시 35분 스포티지는 고성 국도변의 한 버려진 주유소로 들어갔다. 이후 동생 심씨는 육촌 형과 피해자를 남겨두고 스포티지 차량으로 그사이 아우디를 처리한 강씨를 데려오기 위해 창원에 다녀왔다.

동생 심씨는 경찰 조사에서 "강씨를 태우고 돌아와보니 형은 보이지 않고 마대 자루가 있었다. 마대 자루 안에 피해자가 죽어 있는 것으로 생각했다"고 진술했다. 그사이 형 심씨가 피해자를 살해했을 것이라고 추정할 뿐 직접 물어보지는 않았다는 것이다. 물론 피해자가 사망할 당시 옆에 있었던 사람은 형 심씨가 유일하다는 의미이기도 했다. 경찰은 피해자가 6월 24일 자정을 넘겨 6월 25일 오전 1시 사이에 사망했을 것으로 추정했다.

이후 이들은 경남 진주를 거쳐 전라도로 향했다. 이동하는 길에 6월 25일 오전 2시 30분쯤 진주 진양호에 피해자의 시신이 담긴 마대를 유기했다. 전남 순천에서 1박을 한 뒤 다음 날 광주에 도착했다.

일당은 광주 남구의 은행 현금인출기에서 피해자의 신용카드 등을 이용해 현금 400여 만 원을 인출했다. 돈을 찾을 때도 신원이 노출되는 것을 막고자 동생 심씨가 긴 가발을 쓰고 화장을 하는 등 여장을 하기도 했다. 그것을 보더라도 돈을 목적으로 범행을 저지른 것으로 추정됐다.

일당은 경찰의 추격을 피해 6월 26일 광주에서 다시 경상도로 넘어갔다. 이때 일당은 스포티지 차량에 훔친 번호판 대신 원래 번호판으로 바꿔 달고 광주를 빠져 나와 창원으로 향하는데 이것이 발목을 잡았다. 공조하던 광주동부경찰서 경찰관이 몇십 분 전에 본 차량이 다른 번호판을 달고 있는 것을 보고 수상히 여겼다. 번호를 조회해봤더니 창원 지역에 등록된 차량으로 광주에 들어온 기록이 없었다. 순간 해당 차량이 일당이 탄 차임을 알아챘다. 일당은 처음부터 승용차에 가짜 번호판을 달고 범행을 저지르고 순천에서 또 다른 번호판으로 교체했는데, 이때 다시 원래 번호판으로 원상 복구해놓았다. 경찰 추적에 혼선을 주려고 한 행동이 큰 단서가 됐다. 결정적 실수였다.

이로써 경찰은 차량의 이동 경로를 추적하는 것은 물론 차주까지 파악할 수 있었다. 이들이 광주에서 다시 함안으로 이동한 것을 확인해 함안 지역을 중심으로 포위망을 좁혀갔다. 이 과정에서 경찰은 이들의 스포티지 차량을 발견해 함안 시내에서 몰래 추격을 했으나 피해자가 혹시 살아 있을지도 모른다는 생각에 바로 덮치지는 못했다.

그사이 경찰의 미행을 눈치 챈 일당이 한 아파트 인근에 차를 버리고 뒤쪽 야산으로 도주했다. 산으로 도망가던 동생 심씨는 다시 아파트 지하주차장으로 돌아와 차량 밑에 숨어 있다가 검거됐다. 6월 27일 오전 1시 30분쯤이었다.

이후 경찰은 달아난 심씨와 강씨를 공개 수배했다. 경찰은 스포티지의 내비게이션 운행 내역 등을 분석해 일당이 피해자의 시신을 진주 진양호에 유기한 사실을 알아냈다. 이어 이날 오후 6시 5분쯤 진주 진수대교 아래서 피해자의 시신이 담긴 마대 자루를 찾아냈다.

경찰 수사에서 일당은 6월 10일부터 치밀하게 범행을 준비한 것으로 드러났다. 그때부터 창원과 진주, 고성 등을 다니면서 범행 장소와 대상을 물색하는 한편으로 남의 차량의 번호판을 훔치고, 고성 국도변 폐주유소의 상황도 미리 파악해뒀다. 범행 전에 납치와 도피극을 계획한 정황이었다.

그런데 고성의 주유소에 모인 뒤부터는 사전에 준비한 각본대로 일이 이뤄지지 않았다. 동생 심씨가 "무작정 전라도 방향으로 차를 몰았다"고 진술한 것을 감안하더라도 이 시점부터 이곳저곳 떠도는 행적이 보인다. 무슨 일이 있었을까. 과연 살인은 미리 계획된 것이 아니라 우발적인 것이었을까.

이 시점에서 경찰은 이번 사건은 돈을 노린 범죄이지만 일당은 미리 살인을 계획한 것으로 추정했다. 범행 전부터 범행 흔적을 완전히 지우기 위해 범행 대상을 살해하기로 마음먹었다는 의심이다. 피해자 가족에게 금품을 요구하는 협박 전화를 하지 않고, 납치하고 2시간여 만에 피해자를 살해한 점 등으로 미뤄 살인을 미리 계획했을 가능성이 크다고 봤다. 또 심씨가 손발 등을 묶을 때 사용할 끈과 시신을 옮길 때 사용할 마대 자루 등을 사전에 준비했다는 점도 경찰이 계획살인으로 보는 이유였다.

그런데 왜 일당은 범행 대상을 골프연습장에서 찾았을까. 수사하던 중 심씨와 강씨는 모두 과거 골프장 캐디로 일한 전력이 있다는 사실이 알려졌다. 둘은 2013년부터 같은 골프장에서 일하며 친분을 쌓았다. 나중에 심씨가 신용불량자로 전락해 카드빚만 수천만 원을 지게 되자 생활고를 타개하고자 이때 경험 등을 통해 골프장이나 골프연습장을 다니는 부유층들을 상대로 강도짓을 하기로 계획을 바꾼 것이다. 이번 사건 이전에도 일당은 동일 수법의 범행을 몇 차례 계획했었다. 다만 지인들이 제안에 응하지 않아 공범을 찾지 못하거나 실행 단계에서 실패해 접게 됐다.

    공개수배로 전환된 지 닷새가 지났지만 달아난 심씨와 강씨는 흔적조차 찾을 수 없었다. 생필품 구입을 위한 최소한의 움직임조차 보이지 않자 이들이 이미 경찰의 포위망을 뚫고 다른 지역으로 빠져나간 것 아니냐는 목소리도 나왔다.

    그러다가 7월 3일 오전 10시 10분쯤 두 사람은 서울 중랑구의 한 모텔에 숨어 지내다 붙잡혔다. 도주극을 벌인 지 아흐레 만이다. 경남이나 전남 지역을 벗어나지 못할 것으로 봤던 경찰로선 허를 찔린 셈이었다.

    6월 27일 오전 1시 20분쯤 함안 아파트 인근에서 도주한 두 사람은 일단 야산에서 2시간 동안 동태를 살피며 숨어 있었다. 이후 산에서 내려온 이들은 남해고속도로로 이동하던 중 새벽 4시 20분쯤 5만 원을 주고 화물차를 얻어 타 부산으로 갔고, 이날 밤 택시를 타고 부산에서 대구로 이동했다. 이들은 대구에서 하룻밤을 자고, 다음 날 아침 고속버스를 타고 서울로 잠입했다.

    두 사람이 서울 중랑구 모텔로 들어온 시간 6월 28일 오후 4시는 경찰이 공개수사로 전환한 지 꼭 1시간 뒤였다. 둘은 일주일치 선불을 낸 뒤 닷새간 배달 음식을 시켜 먹으며 방 밖으로 나가지 않았다. 방 청소도 필요 없으니 자신들은 신경 쓰지 말라고 당부했다.

    그러다 7월 2일 밤 9시쯤 폭우가 내리는 가운데 심씨 일행이 외출하는 것을 본 한 장기 투숙객이 이를 이상히 여겨 경찰에 전화를 걸어 신고했다. 닷새 동안 꼼짝하지 않던 남녀가 한밤중에 사라지는 듯한 행동을 하자 수상해 보였던 것이다.

7월 3일 오전 어느새 두 사람이 되돌아와 있던 모텔 방에 서울중랑경찰서 강력팀 형사들이 들이닥쳤다. 둘은 10분가량 객실 문을 열어주지 않고 버텼다. 경찰이 "주인을 부르겠다"고 말하자 결국 문이 열렸다. 수배 전단을 보여주며 "당신들 맞지?"라고 물어보는 말에 두 사람은 순순히 고개를 끄덕였다.

일단 사건을 담당해온 창원서부경찰서가 이들을 넘겨받아 창원으로 압송했다. 범행 동기와 범행 및 도주 과정 등에 대한 본격적인 조사는 창원서부경찰서 진술녹화실에서 7월 3일 밤 10시께부터 진행됐다.

심씨가 피해자를 단독으로 살해했는지, 또 다른 가담자가 있는지도 경찰이 밝혀내야 할 부분이었다. 심씨는 검거된 직후 범행을 시인했다. 그러나 피해자를 납치해 금품을 빼앗고 피해자의 시신을 마대 자루에 담아 진양호에 버린 점만 인정할 뿐 살해 부분은 인정하지 않았다. 고성 폐주유소에 피해자를 묶어 두고 잠시 나갔다 돌아와보니 피해자가 숨져 있었다는 것이다. 이들이 조사 중에도 앞뒤가 맞지 않는 진술을 계속하고 후회하는 기색을 보이지 않자 경찰 수뇌부는 프로파일러를 투입했다.

완강히 버티던 심씨는 프로파일러와의 면담 과정에서 살해 사실을 인정했다. 프로파일러는 먼저 골프와 가족 이야기를 꺼내며 마음을 달랬다. 그 후 공범의 진술 내용과 증거물을 제시했다. 본격적인 조사가 이뤄진 지 4시간 만인 7월 4일 밤 10시쯤 심씨는 울먹이면서 범행을 모두 자백했다. 처음에 살해 사실을 부인한 이유에 대해서는 "사회적 관심이 너무 많은 게 부담이 돼 적당한 시기에 자백하려 했다"고 말했다.

다만 우발적으로 살해했을 뿐 처음부터 살인을 계획한 것은 아니라고 주장했다. 피해자가 사망할 당시 동생 심씨와 강씨는 현장에 없었다. 그러나 경찰은 심씨가 시신을 담을 마대 자루를 범행 전에 준비한 점으로 미뤄 처음부터 살인을 계획했을 가능성이 크다고 봤다.

범행 동기에 대해서는 "빚이 있고 생활비가 없어 돈을 마련할 목적으로 범행하기 몇 개월 전부터 돈 많은 사람을 납치해 돈을 뺏으려는 계획을 세웠다"고 말했다. 심씨는 이 밖에 "형량이 얼마나 되겠느냐, 몇 년 정도 감옥에 사느냐", "사회 분위기는 어떠냐" 같은 진술도 했다고 한다.

막판에 심씨가 비슷한 전과가 없는 초범인데도 범죄를 사전에 준비한 것이 치밀하고, 검거 후 조사를 받는 중에도 죄책감을 보이지 않는 이유가 밝혀졌다. 6년 전에도 남녀 3인조를 꾸려 두 차례 강도짓을 했으나 경찰에 붙잡히지 않은 사실이 드러났다. 심씨가 자신에게 범행을 제의할 때 예전에 범행을 했지만 붙잡

범인 두 사람은 서울 중랑구의 한 모텔에 숨어 지내다 도주극을 벌인 지 아흐레 만에 붙잡혔다.
사진 KBS 뉴스 캡처

히지 않았다는 말을 했다는 강씨의 진술에 따라 심씨를 추궁한 끝에 경찰은 이 같은 사실을 밝혀냈다. "옛날에 금은방을 턴 적이 있는데 안 잡히더라. 우리도 이번에 안 잡힐 수 있다."

심씨는 2011년 3월 경남 밀양과 경북 김천의 금은방에서 고등학교 동창인 A씨와 심씨의 전 여자친구 B씨 등 두 명과 함께 460만 원에 상당하는 금품을 훔쳤다. 당시 이들은 초범이라 아무런 전과 기록이 없고 금은방 주변에 CCTV가 없어서 잡히지 않았다. 당시 특별한 직업이 없었던 이들 세 명은 이러한 범죄를 저지른 뒤 2013년을 전후해 캐디 생활을 시작한 것으로 파악됐다. 결국 심씨는 앞선 두 차례 범행이 들키지 않자 이를 바탕으로 완전범죄를 꿈꾸며 이번 사건에선 납치와 살인까지 실행한 셈이었다.

그렇다면 심씨를 상대로 사이코패스 진단 검사를 실시할 필요도 없었다. 심씨는 지난 2011년 두 차례 강도짓을 하고 경찰의 추적을 6년 넘게 따돌렸다는 점에서 자신감을 갖게 됐다. 잇따른 범죄를 저지르고도 붙잡히지 않으면서 죄의식은 조금씩 사그라들었다. 그러면서 범행도 단순 강도에서 살인강도로 변했다.

창원지방법원은 2017년 12월 21일 강도살인 혐의로 재판에 넘겨진 심씨에게 무기징역을 선고하고, 살해 현장에는 없었지만 납치와 시신유기에 가담한 혐의가 있는 강씨와 동생 심씨에게는 각각 징역 15년을 선고했다. 재판부는 심씨 일당이 처음부터 피해자를 납치해 살해하려는 의사가 있었고 셋이 살해를 공모했다는 공소사실을 모두 받아들였다. 그러면서 살해에 고의는 없었다는 심씨의 주장은 받아들이지 않았다.

재판부는 심씨가 피해자를 납치해 금품 등을 갈취한 뒤 살해할 의도가 있었다는 점을 증명하기 위해 여러 사정을 샅샅이 파헤쳤다.

우선 마대 자루를 준비한 것만 봐도 그렇다. 심씨는 납치할 당시 피해자에게 씌우려는 목적으로 마대 자루를 구입했다고 진술했지만, 피해자를 덮기 위한 용도였다면 마대 자루 한 장이면 충분할 텐데 동생 심씨에게 구체적으로 네 장을 사오도록 했다. 또 실제 납치할 당시에는 마대 자루를 사용하지 않다가 폐주유소에 도착하고 나서야 꺼냈다. 이미 납치에 성공했고 피해자를 결박한 상태였는데 왜 마대 자루를 꺼냈는가. 이를 보면 마대 자루는 덮기 위한 용도가 아니라 무언가를 담기 위한 용도로 구입한 것으로 판단된다고 했다.

또 심씨는 2011년 금은방에 침입할 당시에는 얼굴을 마스크로 가렸고, 이번 사건에서도 가짜 번호판을 차량에 달고 여성용 가발을 구입하는 등 자신과 공범들의 얼굴이 노출되지 않도록 무척 신경을 썼는데도 불구하고, 정작 이번 사건에서 피해자를 납치할 당시엔 피해자에게 자신과 공범들의 얼굴이 보이는 것에 구애받지 않고 마스크를 쓰는 등의 조치를 하지 않았다.

재판부는 이러한 사정들을 종합해 일당 세 명 사이에는 적어도 암묵적으로나마 피해자를 살해하기로 하는 합의가 있었고, 결국 살해를 공모한 사실을 인정할 수 있다고 판단했다.

항소심도 원심을 유지하며 강도살인의 고의를 인정했고, 대법원은 2018년 10월 이를 확정했다.

사건 일지 _____

2017년 6월 24일
저녁 8시 30분
일당이 창원 시내 한 골프연습장의 지하주차장에서 피해자를 납치한다. 동생 심씨와 형 심씨가 피해자를 차량에 태워 고성의 폐주유소로 데려간다.

6월 24일 자정에서
6월 25일 오전 1시 사이
동생 심씨가 강씨를 데려오기 위해 창원으로 이동한 사이, 형 심씨가 피해자를 살해한다.

6월 25일
오전 2시 15분에서
오전 3시 15분 사이
일당 셋은 전라도로 향하는 길에 마대 자루에 담긴 피해자의 시신을 진주 진양호에 유기한다. 이후 순천의 모텔에서 잠시 숙박한다.

오전 11시에서
낮 12시까지
광주에 도착한 일당은 피해자의 신용카드로 400여만 원을 인출한다.

6월 26일
밤 10시쯤
낮에 순천을 거쳐 다시 경상도로 향한 일당이 이때 함안으로 진입한다.

6월 27일
오전 1시 30분
일당은 경찰의 추적을 눈치 채고 함안의 한 아파트 주차장에 차량을 버리고 도주한다. 동생 심씨만 차 밑에 숨어 있다가 경찰에 검거된다.

새벽 4시쯤   야산에 숨어 있다가 내려온 심씨와 강씨는 남해고속
도로를 걸어 산인터널을 통과한다. 도로변에 정차해
있던 트럭 기사에게 5만 원 준다고 제안해 그 차로 부
산으로 이동한다.

오후 7시쯤   부산에서 1박을 한 뒤 다시 택시를 타고 대구로 이동
해 도착한다.

**6월 28일
아침 7시 20분쯤**   대구에서 고속버스를 타고 서울로 이동하고, 오전
11시 30분쯤 서울에 도착한다.

오후 3시쯤   경찰은 심씨와 강씨에 대해 공개 수배한다.

오후 4시쯤   두 사람이 서울 중랑구의 한 모텔에 투숙한다.

**7월 3일 오
전 10시 10분**   두 사람이 시민의 제보로 중랑구 모텔에서 검거된다.

밤 10시쯤   창원서부경찰서로 압송된 주범 심씨는 1차 조사에서
살인 혐의를 부인한다.

7월 4일   프로파일러와의 면담을 거친 뒤 심씨가 살인 혐의를

  창원 골프연습장 납치 살인 사건

인정한다.

12월 21일   창원지방법원이 심씨에게 무기징역을, 강씨와 동생 심
씨에게는 각각 징역 15년을 선고한다.

2018년
7월 11일   대구고등법원이 항소를 기각하고 원심을 유지한다.

10월 25일   대법원이 상고를 기각하고 원심을 확정한다.

18

울산 봉대산 불다람쥐 연쇄방화 사건

17년간 100차례 가까이 산불,
현상금 3억 원 걸린 방화범의 정체

"또 불다람쥐가 활동하는가 보네."

한때 울산 지역 사람들은 겨울과 봄날 봉대산에 산불이 나면 으레 이렇게 말하곤 했다. 불다람쥐는 봉대산 주변에서 다람쥐처럼 산 여기저기 돌아다니며 곳곳에 불을 지르고 흔적 없이 사라지는 정체불명의 방화범을 말한다.

인근 주민들은 그때 겨울을 악몽처럼 떠올린다. 2005년 12월부터 이듬해 1월 초까지 봉대산과 염포산 등지에선 방화로 추정되는 산불이 무려 열한 차례나 잇따라 산림 18헥타르를 태웠다. 2008년쯤부터는 봉대산 한 곳에 집중됐다. 그 무렵 '봉대산 불다람쥐'라는 말이 생겼다.

그 후 해마다 십여 차례씩 공무원 수백 명이 보초를 서느라 밤잠을 설쳤다. 산불이 나는 시기인 12월이 돌아오면 칠흑처럼 어두운 밤 등산로와 산 중턱, 정상에 야간 잠복조로 투입됐다. 공무원뿐 아니라 주민들로 꾸려진 의용소방대, 자율방범대 대원 등까지 두세 명씩 조를 이뤄 숲 곳곳에서 매복을 하며 밤을 지새웠다. 신출귀몰하는 불다람쥐를 잡기 위해서다.

방화로 추정되는 이유는 바람이 강하고 춥고 건조한 날씨를 골라, 감시가 소홀한 저녁과 새벽 시간대에, 등산객이 접근하기 힘든 계곡에서, 며칠 간격으로 반복적으로 산불이 발생하기 때문이다. 자연 발화, 즉 낙뢰나 바람에 의해 나무와 나무끼리 부딪쳐 불이 났다는 말을 감히 누구도 꺼내지 않았다.

산림 당국은 봉대산에서 발생한 산불이 대부분 산불감시원이 철수한 이후에 나고 주택가와 인접해 도주하기 쉬운 도로변에서 집중적으로 발생하는 점으로 미뤄 동일범의 소행으로 파악했다. 그러나 목격자가 없는 데다 현장 증거를 찾지 못해 어려움을 겪었다. 그 흔한 라이터 하나 남기지 않고 흔적 없이 사라지는 방화범을 보면서 사람들은 과연 그가 실존하는 인물이 맞는지 의심이 들 정도였다. 그만큼 수법이 치밀했다. 심지어 방화범이 당국이 투입하는 잠복조 수십여 명의 구성과 근무 시간까지 훤히 꿰고 있다는 얘기까지 나돌았다.

울산시는 2009년 1월 방화범을 신고하는 이에게 주는 포상금을 종전 3000만 원에서 1억 원으로 올렸다. 그러다가 불과 10개월 만에 다시 3억 원으로 올렸다. 전국의 산불 포상금 가운데 가장 큰 액수이고, 연쇄살인범 유영철, 탈옥수 신창원에게 걸렸던 신고 포상금(5000만 원)보다 많은 금액이었다. 포상금을 올렸을 뿐 아니라 등산로와 방화 가능 지역 등 20여 곳에 CCTV를 새로 설치했다. 한마디로 방화범과의 전쟁이었다.

그만큼 봉대산 일대에 잇따르는 산불로 생기는 피해가 막대했다. 면적 450여 헥타르에 반경 1.5킬로미터, 둘레가 9킬로미터에 이르는 도심 야산이지만 사방에 오솔길과 등산로가 이어져 있어 물 샐 틈 없이 감시하기란 물리적으로 한계가 있었다. 2000년부터 2009년까지 10년간 봉대산 전체 면적의 10퍼센트(41.6헥타르)가 불에 탔다. 한마디로 산 곳곳이 황무지로 변했다. 화마가 훑고 간 자리는 허허벌판으로 남고, 시커멓게 그을린 나무마다 산불의 흔적이 묻어났다. 그 옆에서 아직 싹도 틔지 않은 새 묘목들이 자리 잡고 있었다.

2010년 4월 울산동부경찰서는 봉대산 불다람쥐로 추정되는 남성을 목격했다는 신고를 접수했다. 입산 통제된 봉대산에서 한 중년 남성이 쓰레기 줍기 봉사 활동을 하던 환경단체 회원들과 마주치자 화들짝 놀라며 손에 들고 있던 비닐봉지를 버린 채 도망쳤다는 것이다. 비닐봉지에는 연탄불을 붙일 때 쓰는 번개탄과 라이터가 들어 있었다.

봉대산의 산불은 바람이 강하고 건조한 날, 감시가 소홀한 저녁대에,
등산객이 접근하기 힘든 계곡에서 집중적으로 발생했다.

하지만 비닐봉지와 내용물이 경찰에 전해지는 과정에서 사람
들의 지문이 뒤섞이고 원래 상태가 훼손되면서 감식이 어렵게
됐다. 또 경찰이 도망친 남자가 한 기업체의 작업복을 입고 있었
다는 목격자의 증언에 따라 추가 조사에 나섰지만 별다른 성과
를 내지 못했다. 그때 모습을 드러낸 것이 불다람쥐의 유일한 종
적이었다.

2010년 12월에도 어김없이 불다람쥐는 행동을 재개했다. 1년
동안 잠잠하던 일대에서 다시 산불 연기가 치솟았다. 봉대산과

도로 하나를 사이에 둔 마골산과 염포산에서 12월 11일 하루에 산불 2건이 연이어 발생하자 소방 당국은 바짝 긴장했다.

불다람쥐는 봉대산 반경 3킬로미터 이내를 뱅뱅 돌며 잇따라 산불을 내고 있었다. 늘어난 감시 카메라를 비웃듯 연이어 불을 지르는 방화범에게 소방 당국은 속수무책이었다. 마치 산불 감시망의 사각지대까지 꿰뚫고 있는 듯 보였다. 소방 당국은 줌 카메라와 열화상 카메라, 파노라마 카메라 등 감시 시스템을 갖춘 산불 종합상황실까지 운영했다. 경찰은 2010년 10월부터 형사 다섯 명으로 '불다람쥐 전담팀'을 구성했다.

2011년 2월에도 방화성 산불이 계속 일어났다. 그래도 감시 카메라 수를 늘리면서 달라진 점이 나타났다. 무엇보다 발화 장소가 정상부에서 하산부로 내려왔다. 그것도 도롯가에 집중됐다. 정상 부근에서 산불이 일어나면 쉽게 번져 산 전체를 뒤덮고 진화에 어려움을 겪게 되는데, 하산부에선 그럴 가능성이 비교적 낮다. 실제로 피해 면적도 줄었다.

그러면서 소방 당국은 봉대산 하산부의 낙엽과 잡목, 고사목 등을 제거하는 일에 나섰다. 인화 물질 자체를 없애 사전에 방화 가능성을 차단하겠다는 생각이었다. 방화범이 산불 감시망을 파악하고 있을 것을 우려해 산불감시단과 경찰의 방범·감시 활동 등 감시망도 재조정했다.

한편 경찰은 2011년부터 사건 해결을 위해 프로파일러를 투입했다. 프로파일러는 최근 4년간 일어난 25건의 화재를 분석해 발생 시간대와 지역 부분에서 일정한 패턴을 찾아냈다. 우선 경찰이 보유한 범죄 분석 데이터베이스에 나타난 기존 방화 범죄의 특징과 비교했을 때 범인은 '40대 이상의 남자'일 것이라고 판단했다.

방화 범죄에 대한 연구에 따르면 60퍼센트가 넘는 방화범들이 걸어서 범행 현장으로 이동할 정도로 평소 친숙한 공간에서 방화하는 특성이 있다. 연쇄방화범은 거주지에서 2킬로미터 이상 이동해 범행하는 경우가 드물다. 이를 토대로 방화범의 거주지와 직장이 있으리라 추정되는 지역을 최대한 좁히고 그 지역에 사는 40대 이상 남자를 우선 수사 대상으로 올렸다. 이른바 지리적 프로파일링이었다.

그리고 방화범은 많은 경우 흥분이나 자극을 추구하는 욕구가 높고, 주위의 시선을 끌거나 인정을 받음으로써 성취감을 느끼는 심리를 가지므로 내성적인 성격의 소유자일 것이라는 범인상도 제시했다. 지극히 평범해 보이는 사람이 연쇄 방화의 늪에 빠질 가능성도 있었다.

결국 불다람쥐는 촘촘한 CCTV 감시망에 걸려들었다. 2011년 3월 12일 오후 6시 50분쯤 마골산 기슭에서 산불이 나자 경찰은 봉대산과 마골산 일대의 10곳에 설치된 CCTV 11개를 꼼꼼히 들여다봤다. 화재가 난 시점을 분석하던 중 당시 인근 아파트 주변

'봉대산 불다람쥐'가 산에서 내려와 마골산 인근 아파트 단지로 유유히 걸어 들어가는 모습이 CCTV에 찍혔다. 잠시 뒤 산에서 불길이 치솟았다. 사진 KBS 뉴스 캡처

을 서성거리던 한 남자의 모습이 CCTV 2개에 찍힌 것을 확인했다. 한 남자가 근처 야산에서 내려와 태연히 아파트 단지를 가로질러 가는데 3분 후 뒤쪽에서 갑자기 불길이 치솟는 장면이었다.

경찰은 이 영상을 토대로 남자의 나이를 40대~50대로 추정하고 아파트 단지의 엘리베이터 등에 설치된 모든 CCTV를 샅샅이 뒤졌다. 산불이 난 이후 20분 이내에 각 아파트로 들어간 사람들 중에 추정 나이에 해당하는 남자들을 추려냈다. 그리고 CCTV에 찍힌 남자의 특이점을 따라간 끝에 그의 얼굴을 포착했다. 그다음 지난 1년간 산불 발생 시간을 전후해 봉대산 인근 기지국을 거친 휴대폰 통화 내역을 모두 살핀 끝에 남자의 신원을 알아낼 수 있었다. 산불이 발생한 지점을 찍은 CCTV와 범인이 살던 아

파트와의 거리는 500미터에 불과했다.

현상금 3억 원이 걸린 봉대산 불다람쥐의 정체는 봉대산 인근에 사는 평범한 대기업 직원이었다. 프로파일링 결과와 거의 일치했다. 3월 24일 오후 5시 경찰은 회사 앞에서 퇴근하던 A씨(52세)를 검거했다. 낮에는 평범한 직장인으로, 밤에는 방화범으로 15년 넘게 100건 가까이 불을 질러온 희대의 범죄자가 잡히는 순간이었다. 또 A씨의 집과 회사 사무실에서 인화성 물질과 방화 도구를 확보했다. 특히 그의 집에 있던 등산복 조끼에서는 두루마리 화장지로 20여 개의 성냥개비를 감싼 뒤 새끼처럼 길게 꼰 방화 도구 2점이 발견됐다.

처음에 완강히 범행을 부인하던 A씨는 경찰이 CCTV 영상과 방화 도구를 증거로 제시하자 검거된 지 12시간여 만에 모든 것을 내려놓았다. 1994년부터 2011년까지 17년 동안 봉대산 일대에서 100차례쯤 걸쳐 상습적으로 불을 질렀다는 A씨는 그동안 봉대산과 마골산에서 난 불은 자신이 지른 것이 맞지만 염포산 쪽의 화재는 자신의 소행이 아니라고 부인했다. 방화 건수에 대해서는 본인도 정확히 집계하지 못했다.

산불을 낸 이유에 대해 A씨는 이렇게 진술했다.

"돈 때문에 가정불화가 있었다. 등산을 갔다가 우울한 마음에 불을 질렀는데 스트레스가 풀리는 느낌이 들어 계속 불을 지르게 됐다. 연기가 피어오르는 걸 보고 헬기가 뜨는 소리를 들으면 마음이 편안하고 후련해졌다. 또 산불 진압 현장을 전하는 언론 보도를 즐겨 봤다."

방화로 마음의 평온을 찾고 피어오르는 연기와 소방헬기 소리로 스트레스를 풀었다는 말에 사람들은 아연실색하지 않을 수 없었다. 보통 상습적인 방화범은 불을 지르는 행위 자체에서 쾌감을 얻는데, 이번에는 화재로 인한 연기와 소방 헬기 소리에서 심리적 안정을 느꼈다고 하는 만큼 전문가들도 유사 사례를 찾기 힘들고 일반적이지 않다고 했다. 물론 연쇄 범죄자가 대부분 그렇듯이 경찰의 추적을 따돌리고 완전범죄를 확신하며 방화를 계속하는 중에 쾌감을 느꼈을 것이다.

30대 중반에 시작된 봉대산과 마골산 일대 방화는 50대 초반에 접어들어서도 그칠 줄 몰랐고, 아침 출근길과 저녁 퇴근길, 점심시간을 이용해 태연히 산에 불을 질러왔다. A씨는 초기에는 마른 풀에 라이터로 직접 불을 붙이는 방식으로 불을 냈다. 이후 당국의 수사와 감시가 강화되자 스스로 몇 가지 방화 장치를 고안해냈다.

두루마리 화장지를 새끼처럼 꼰 뒤 그 한쪽 끝에 성냥 십여 개를 꽂고 다른 한쪽 끝에 라이터로 불을 붙인 다음 바닥에 내려놓았다. 꼰 화장지가 일종의 기다란 심지 역할을 해 한참 뒤 성냥에 불이 옮겨 붙는 원리였다. 불씨가 화장지를 따라 타들어가는 사이 그 자신은 현장을 벗어나 달아날 시간을 벌 수 있었다. 너트에 성냥과 휴지를 묶은 뒤 불을 붙여 멀리 던지는 방화 수법도 사용했다. 그런 도구를 이용해 불을 붙이고 내려오면 30분에서 1시간 후에 산에 불이 붙기 때문에 경찰과 소방대원들이 출동하면 그때는 벌써 범인은 집에 가 있는 상태였다.

산림 당국은 A씨가 17년간 태운 임야 면적만 해도 무려 축구장 114개에 이르는 81.9헥타르에 달한다고 밝혔다. 산림청은 산림 조성과 산불 진화 비용 등까지 따져 1헥타르당 2200만 원으로 산정해 총 피해 금액이 18억 원에 달한다고 추산했다.

그해 3월 말 현장검증이 이뤄진 날이다. A씨가 담배와 라이터를 이용해 범행을 재연하는 모습을 지켜보던 한 산불감시원이 평소 알던 사람이라며 놀라움을 감추지 못했다. A씨는 만날 때마다 자신에게 "아직 봉대산 불다람쥐가 안 잡혔느냐"고 묻던 바로 그 사람이었다. 방화범 감시 상황을 알기 위해 산불감시원들과 가까이 지낸 정황까지 드러났다. 출퇴근길에 산림감시원들과 부딪칠 때마다 꾸준히 인사를 나누던 친숙한 얼굴이었다.

A씨의 첫 방화는 1994년 12월 3일 새벽 4시쯤이었다. 당초 1995년으로 알려졌지만 김씨는 경찰 조사에서 "김일성 주석이 죽은 해로 기억한다"고 고쳐 말했다. A씨는 "바람이 불어 피우던 담배만 던져도 불이 날 줄 알았는데 예상외로 불이 번지지 않아 다시 라이터로 숲에 불을 질렀다"며 당시를 돌아봤다. 당시 길가에 앉아 담배를 피던 A씨는 아무 생각 없이 피다 만 꽁초를 갈대숲으로 던졌다고 한다. 연기가 피어오르기를 기다렸지만 불은

나지 않았다. 이상한 쾌감을 느낀 A씨는 라이터로 직접 숲에 불을 붙였다. 불다람쥐의 악명은 그렇게 시작됐다.

울산지방법원은 2011년 8월 26일 산림보호법 위반 등 혐의로 기소된 방화범 A씨에게 징역 10년을 선고했다. 이때 재판부는 지리적 프로파일링 분석 결과에 대한 검토서도 증거로 채택했다. 재판부는 "범행 수법이 매우 교활하고 지능적인 점, 수년간 감시망을 피해 다니면서 방화를 일삼아왔을 뿐 아니라, 그때마다 수백 명의 인원과 막대한 공적 자금이 투입되는 등 이로 인한 지역사회의 사회적, 경제적 손실도 적지 않은 점" 등을 들어 엄중한 처벌이 불가피하다고 했다.

항소심도 항소를 기각하고 1심을 유지했으며, 대법원도 2012년 2월 상고를 기각해 징역 10년 형을 확정했다. 또 울산지방법원은 울산 동구청이 A씨를 상대로 낸 손해배상 청구소송에서 A씨의 배상 책임을 인정해 A씨는 4억 2000만 원을 지급하라고 판결했다.

**1994년 12월
3일 새벽 4시쯤** A씨의 방화가 시작된다. 이후 2011년 3월 경찰에 잡힐 때까지 봉대산 일대에서 100차례쯤 걸쳐 연쇄 방화한다.

2009년 1월 울산시는 산불 포상금을 종전 3000만 원에서 1억 원으로 올린다. 그해 11월에 다시 3억 원으로 올린다.

2010년 4월 환경단체 회원들이 봉대산 불다람쥐로 추정되는 남성을 목격한다.

10월 경찰이 형사 다섯 명으로 '불다람쥐 전담팀'을 구성한다.

**2011년 3월 12일
오후 6시 50분쯤** 마골산 기슭에서 산불이 났을 때 A씨가 산에서 내려와 아파트 단지로 들어가는 모습이 CCTV에 포착된다.

**3월 24일
오후 5시** 경찰이 회사 앞에서 퇴근하던 A씨를 검거한다.

8월 26일 울산지방법원이 산림보호법 등 위반 혐의로 기소된 A

씨에게 징역 10년을 선고한다.

11월 16일   부산고등법원이 항소를 기각하고 원심을 유지한다.

2012년
2월 9일   대법원이 징역 10년을 선고한 원심을 확정한다.

11월 21일   울산지방법원이 손해배상 청구소송에서 A씨는 울산
동구청에 4억 2100만 원을 지급하라고 판결한다. 이후
A씨가 항소하지 않아 손해배상액이 그대로 확정된다.

19

대구 중년 부부 살인 사건

배관공으로 위장해 전 여자친구의 집을 찾아간
20대 대학생, 재판부는 사형 선고

"누군가 아파트 4층에서 떨어진 것 같아요."

맨발에 반바지 차림의 20대 여성이 아파트 화단에 쓰러져 있다는 아파트 경비원의 신고였다. 2014년 5월 20일 오전 9시 19분 신고를 받고 출동한 119 구조대는 A씨(20세)의 상태를 살폈다. A씨는 골절 등 큰 부상을 입었지만 다행히 생명에는 지장이 없었다.

그런데 병원으로 이송하던 중 정신을 차린 A씨의 입에서 믿기 힘든 얘기가 흘러나왔다. 헤어진 남자친구가 자신의 부모님을 살해한 것 같다는 말과 함께 자신은 그를 피하려다 베란다에서 뛰어내렸다는 것이다.

사건을 인지한 경찰은 A씨의 진술을 확인하기 위해 곧바로 4층으로 올라갔다. 초인종을 누르고 문을 두드렸지만 아무런 인기척이 없었다. 현관문을 강제로 열고 들어가보니 눈앞에 참혹한 광경이 펼쳐졌다. 아버지(58세)는 신발장 앞에, 어머니(48세)는 거실에 피를 흘린 채 쓰러져 있었다.

대구달서경찰서는 전날 밤 싸우는 소리가 여러 번 들렸다는 이웃 주민들의 진술을 토대로 CCTV를 확인한 끝에 한 20대 남성이 엘리베이터 안에서 공구함을 들고 서 있는 장면을 찾아냈다. 또 오전 9시 18분 같은 남성이 피가 묻은 헝겊으로 오른손을 감싼 채 밖으로 빠져나가는 모습을 포착했다.

용의자를 특정한 경찰은 황급히 뒤를 쫓았다. 오른손이 부상한 점을 고려해 인근 약국 등을 우선 탐문했다. 경찰은 이날 오후 1시쯤 경북 경산의 자취방에 숨어 있던 장 모(24세) 씨를 붙잡았다.

검거될 당시에 장씨는 여전히 만취 상태였다. 장씨는 범행 현장에서 술을 마셨는데, 이후 집으로 돌아가면서도 술을 구입했다. 방 안에서는 구입한 후 아직 뜯지 않은 흉기와 술병 등이 발견됐다. 구입한 흉기는 어디에 쓰려고 했는지 그는 끝내 말하지 않았다. 손에서는 여전히 피가 많이 나면서 입고 있던 흰색 반바지의 허벅지 부근에 핏자국이 남아 있었다.

"딸과 만나지 말라"는 말에 앙심을 품은 20대 남성이 전 여자친구의 아파트를 찾아가 부모를 흉기로 살해했다. 하지만 사건의 실체는 이보다 훨씬 복잡했다. 장씨가 사전에 치밀하게 범행을 준비하고, 범행에 착수한 이후에는 명료한 의식 상태에서 일정한 목적과 의도에서 피해자를 한 명 한 명 살해한 것은 충동적인 행동이 아니었다.

범행 수법도 극악했다. 경찰 조사에서 장씨는 범행 직후 현장을 떠나지 않고 술을 마시며 홀로 아파트에 머무르면서 A씨가 귀가하기를 기다린 것으로 드러났다. 자신의 부모가 무참히 살해된 현장에서 전 남자친구와 마주한 채 8시간 반가량 감금돼 공포에 떨었던 A씨는 탈출을 위해 아파트 4층에서 뛰어내리는 길을 택했다.

범죄를 저지르게 한 분노의 시작은 무엇이었을까. 장씨는 A씨의 대학교 동아리 선배였다. 군 복무를 마치고 1년여 동안 공장에서 일하며 학비를 번 그는 복학해서는 대학 내 총동아리연합회 회장을 맡았다. 그 무렵 알게 된 두 사람은 2014년 2월 중순부터 교제했다.

그러던 중 4월 초 A씨는 장씨가 자신의 친구에게 자신에 대해 험담을 했다는 얘기를 듣게 됐다. A씨가 "왜 내 험담을 친구에게 하냐"고 항의하면서 헤어지자고 하자 장씨는 뺨을 대여섯 차례 때려 폭행했다. 이렇게 두 사람이 사귄 기간은 두 달이 채 되지 않았다.

A씨가 전화를 받지 않고 피하는데도 장씨는 만나기 위해 A씨 주변을 계속 배회했다. 그러다가 학교에서 A씨를 발견하고 자신의 자취방으로 끌고 가려고 했다. A씨가 따라가지 않으려고 하자 뺨을 십여 차례 때리고 발로 차 폭행한 다음 억지로 데려갔다. 자취방에서도 때려 상해를 입혔다. 학교에서 A씨가 사라진 것을 안 친구들이 장씨의 자취방까지 찾으러 오면서 A씨는 겨우 빠져나올 수 있었다.

딸이 장씨에게 폭행당했다는 사실을 알게 된 A씨 부모는 장씨 부모를 찾아가 직접 항의했다. "우리 딸을 따라다니지 못하게 해달라"고 따지면서 책임을 묻겠다고 했다. 장씨 부모는 A씨 부모를 말린 다음 아들에게는 학교를 휴학할 것을 요구했다.

이후 학교에 소문이 퍼지면서 장씨는 결국 회장 자리에서 물러나게 됐다. 그러면서 학교에서도 자취를 감췄다.

총동아리연합회 회장이 된 것에 자부심이 컸던 장씨는 사퇴하면서 크게 괴로워했다. 하지만 그런 생각은 소문이 과장됐다고 생각하는 그의 피해의식에 불과했다. 모두 자신이 A씨를 폭행한 것에서 비롯됐고, 자식이 남자친구한테 폭행을 당했다는 사실을 알면 부모가 가해자의 부모를 찾아가 항의하는 것은 주위에서 흔히 볼 수 있는 일인데, 장씨는 다르게 생각했다. 자신이 쌓아온 인간관계와 동아리에서의 권위가 한순간에 무너진 것이 A씨 탓만 같았다.

한 달쯤 지난 5월 10일 장씨는 자신이 회장 직을 사퇴한 것을 두고 A씨에게 따지러 집 근처로 찾아갔다. 이번에도 만나기를 거절한 A씨는 곧바로 이 사실을 자신의 부모에게 알렸고, A씨 부모가 다시 한 번 장씨 부모에게 전화로 항의했다. 결국 장씨는 부모로부터 학교를 그만두고 집으로 돌아와 취업하라는 꾸중을 듣게 됐다. 이때를 계기로 장씨는 앙심을 품고 A씨 부모를 살해하기로 결심했다.

경찰 수사에서 장씨는 실제로 열흘 정도에 걸쳐 범행 도구를 순차적으로 준비한 것으로 드러났다. 몽키스패너와 리퍼, 망치 등의 살해 도구를 준비하고 피가 튈 경우에 대비해 갈아입을 여분의 옷을 챙겼다. 피해자들을 제압하기 위해 얼굴에 뿌릴 용도로 락카 스프레이도 챙기고, 피해자들의 시신에서 피가 흘러나올 때 멈추게 하기 위해 밀가루도 한 포대 구입했다. 자신이 다칠 경우에 쓸 소독약과 붕대도 샀다. 이는 침입부터 살인에 이르기까지 모든 범행 과정을 염두에 두고 진행한 준비였다.

장씨는 5월 19일 A씨가 살고 있는 아파트를 찾았다. 오후 5시 40분쯤 배관공 행세를 하는 장씨에게 A씨 부모는 아무런 의심 없이 문을 열어줬다. 안방 화장실로 들어가 배관 점검을 하는 시늉을 하던 장씨는 5분가량 내부를 둘러보다가 일단 집을 돌아 나왔다. 집 안에 다른 사람이 있는지 살펴본 것이다. 당시 장씨가 들고 간 공구함 안에는 준비한 흉기가 들어 있었다. 이후 생각을 정리한 장씨는 40분 뒤인 오후 6시 20분 다시 돌아와 벨을 눌렀다.

2014년 5월 19일 오후 5시 45분 장씨가 A씨 부모를 살해하러 갔을 당시 아파트 엘리베이터에서 거울을 보며 머리를 만지고 있다. 사진 대구경찰청

    이때 장씨가 피해자들에게 자신을 배관공이라고 믿게 하기 위해 사용한 수첩은 계획살인의 극도의 치밀함을 보여준다. '아파트 배수관 점검 확인'이라는 제목하에 다른 이웃들의 호수를 적어두고 그 옆에 주민들의 가짜 사인까지 해놓은 것을 보여주면서 "다른 집들은 점검을 마쳤으니 여기도 열어달라"고 요구했다. 수첩 다음 장에는 집에 들어가기 위해 A씨 부모에게 이야기할 내용을 미리 적어두었다.

    집에 다시 들어간 장씨는 미리 준비한 흉기로 화장실과 현관 등에서 A씨 부모를 살해했다. 범행이 일어난 시각 A씨는 외출 중이었다. 장씨는 현장을 떠나지 않고 시신들을 그대로 둔 채 집

안에 있던 술을 마시며 A씨가 돌아오기를 기다렸다.

처음에는 자신이 직접 A씨에게 전화해 범행 장소로 부르려 했으나 장씨는 생각을 고쳐먹었다. A씨가 오지도 않을뿐더러 피해자들에게 연락해보거나 경찰에 신고할 것이 분명했다.

저녁 7시쯤 장씨는 A씨 어머니의 가방을 뒤져 휴대폰을 꺼냈다. 마치 어머니인 것처럼 가장해 A씨에게 메신저 메시지를 보내기 위해서였다. 성년의 날 선물을 준비했으니 빨리 집에 들어오라는 내용이었다.

A씨가 집으로 돌아온 시각은 자정을 넘긴 다음 날 오전 12시 30분쯤이었다. 아무것도 모르고 집 안으로 들어선 A씨는 현관에 쓰러져 있는 아버지를 보고 비명을 질렀다. 장씨는 A씨를 흉기로 위협하며 이렇게 말했다.

"복수하러 왔다."

곧 A씨를 끌고 가 방에 가두었다. 부모님의 안위를 묻는 A씨의 질문에 장씨는 "아버지는 몇 대 맞고 기절한 상태이며 어머니는 묶인 채 안방에 있다"고 거짓말했다. 아직 죽지 않은 것처럼 속여 본인이 원하는 바를 얻어내려 한 것이다.

다음 날 아침까지 장씨는 횡설수설하며 A씨를 풀어주지 않았다. 아침 6시쯤 날이 밝아서야 A씨의 간절한 요청에 어머니가 화장실에서 죽어 있는 모습을 확인시켜주었다. 소리를 지르는 등 심리적 공황 상태에 빠져 있던 A씨는 오전 9시쯤 장씨가 잠시 한눈을 판 사이 베란다로 달려가 화단으로 뛰어내렸다. 아파트 경비원이 A씨를 발견한 것을 보고 장씨는 아파트를 빠져나갔다.

　살인 혐의로 체포된 장씨는 경찰 조사에서 범행 사실을 대부분 시인했다. 면담 과정에서도 침착하고 협조적인 태도를 보였다. 범행 정황에 대해서도 구체적이고 자세히 진술하면서 감정의 동요를 보이지 않았다. 범행 동기에 대해선 "A씨를 폭행한 일이 소문이 나면서 총동아리연합회 회장을 사임하게 됐고, A씨 부모가 우리 부모를 찾아간 것에 화가 나서 살해하게 됐다"고 밝혔다. 경찰은 "자신이 지금까지 쌓아놓은 대학 생활과 본인의 이미지, 자존심이 한꺼번에 무너진 것에 대해 앙심이 컸던 것 같다"고 설명했다.

　하지만 장씨는 A씨가 자신을 매몰차게 대하고 다시 부모에게 전화했기 때문에 살의를 품게 됐다는 식으로 범행의 원인을 피해자들에게 돌리는 태도를 보였다. 피해자들을 살해한 경위에 대해서도 사건 당일 그들이 수차례 감정적으로 이야기하는 바람에 화가 나서 그랬다는 식으로 책임을 회피했다.

　경찰은 장씨에 대해 사이코패스 체크리스트 검사를 실시했는데 17점으로 중간 수준이라는 평가를 받았다. 또 장씨가 군 복무를 하던 시절 후임병을 폭행한 혐의로 징역 1년에 집행유예 2년형을 선고받은 전력이 있는 등 폭력적 성향을 보여온 추가 정황을 밝혀냈다.

장씨는 평소 모임에서 사람들을 리드하는 것을 좋아하고 사람들과의 교류에서 존재감을 느끼는 편이었다. 그러나 이러한 감정은 매우 피상적이었다. 법원이 진행한 심리 검사에 따르면, 평소 열정적이고 쾌활한 겉모습과는 달리 장씨는 타인의 거절과 비난, 반대에 취약하고, 일상생활에서 스트레스를 주는 일에 부딪치면 쉽게 화를 내면서 적대적이고 공격적인 모습을 보였다. 한마디로 감정이 불안정하고 급변했다. 상황에 대한 판단에 따르기보다는 감정에 따라 대담하게 행동하고, 타인의 생각을 개의치 않으면서 자신의 욕구에 맞춰 행동을 취하는 모습을 보였다.

　전문가들은 장씨의 이런 모습을 사이코패스와는 결이 조금 다른 심각한 인격 장애로 봤다. A씨 부모의 반대를 자신의 인격이나 존재에 대한 무시로 받아들인 장씨의 심리에는 자기 자신에 대한 지나친 애착, 자기애가 자리 잡고 있다고 했다. 그런 사람은 주변 사람들과의 관계에서 문제가 생길수록 고립되고 급기야는 상황을 자기중심적으로 해석한다. 그러면서 그런 상황이 발생하게 된 원인을 남의 탓으로 돌리고, 사소한 일인데도 자존감에 상처를 받는 것을 참지 못하면서 극단적인 방법으로 분노 감정을 풀려고 든다. 그렇지만 흥분 상태에서 감정을 조절하지 못해 순간적으로 폭발시키는 유형과는 달리 용의주도하게 계획을 세워 범행을 실행한다.

　대구지방법원 서부지원은 2014년 9월 18일 살인 및 감금치상 등 혐의로 기소된 장씨에게 사형을 선고했다. 초범에게 사형을 선고하는 경우는 이례적이었다.

재판부는 판결문에서 "장씨가 사건 범행에 대한 자각과 인식, 죄의식이 낮은 것으로 보여 다시 사회에 복귀한다면 다시 살인을 저지를 위험성이 매우 높다"고 밝혔다. 특히 장씨가 자신이 어떤 범행을 저질렀는지 자각하지 못하고 죄의식이 낮은 것으로 판단되는 근거로 다음 같은 그의 진술을 길게 인용했다.

"행동한 후 후회를 하는 경향이나, 후회조차도 금방 잊어버리는 성향대로 이번 사건에 대해 될 수 있는 한 생각하지 않으려 노력한다. 범행 전에 A씨가 대화에 응해주었더라면 하는 아쉬움이 남아 있다. 범행은 돌이킬 수 없으므로 깨끗이 무기징역으로서 죗값을 받겠다."

이어서 재판부는 부모를 살해한 뒤에도 A씨를 집으로 유인해 추가 범행을 저지른 점, A씨를 9시간 가까이 부모의 시신과 함께 감금한 점, 또 A씨에게 부모의 시신을 직접 목도하게 한 점을 두고 재범의 위험성이 높다고 봤다.

"깨끗이 무기징역으로서 죗값을 받겠다"는 그의 바람과 달리 사형이 선고되자, 장씨는 1심에서는 한 번도 내지 않은 반성문을 서둘러 항소심 재판 중에 67회나 써서 제출했다. 하지만 항소심도 사형을 유지했다.

대법원은 2015년 8월 상고를 기각해 장씨에게 내려진 사형을 확정했다. 국내 최연소 사형 확정자다.

**2014년
2월 중순** 동아리 선후배 사이인 장씨와 A씨가 교제하기 시작한
다.

4월 초 장씨가 자신의 친구에게 자신에 대해 험담을 했다는
얘기를 들은 A씨가 이에 대해 항의하고 결별을 통보
한다. 장씨가 곧 뺨을 대여섯 차례 때려 A씨를 폭행한
다. 이후 학교에 소문이 퍼지면서 장씨는 결국 총동아
리연합회 회장 자리에서 물러나게 된다.

5월 10일 장씨가 자신이 회장 직을 사퇴한 것을 두고 A씨에게
따지러 집 근처로 찾아가지만 A씨에게 거절당한다. A
씨 부모가 자신의 부모에게 항의한 것을 알고 이를 계
기로 살해할 결심을 한다.

**5월 19일
오후 5시 40분쯤** 장씨가 배관공으로 위장해 A씨의 집에 들어간다.
장씨는 5분 정도 집 안을 둘러본 뒤 집을 나온다.

오후 6시 20분 장씨가 배관 점검을 한다며 다시 A씨 집으로 들어간
다. 이후 장씨가 A씨 부모를 살해한다.

5월 20일 오전 12시 30분쯤	A씨가 귀가한다. 장씨는 A씨를 방에 감금한 뒤 부모가 아직 살아 있다고 거짓말한다.
오전 9시쯤	장씨가 잠시 한눈을 판 사이에 A씨가 베란다로 달려가 화단으로 뛰어내린다.
오전 9시 18분	아파트 경비원이 A씨를 발견한 것을 보고 장씨가 아파트를 빠져나간다.
오전 9시 20분	아파트 4층에서 A씨의 부모가 흉기에 찔려 숨진 채 발견된다.
오후 1시쯤	경찰이 경북 경산의 자취방에 숨어 있던 장씨를 검거한다.
9월 18일	대구지방법원 서부지원이 살인 등 혐의로 기소된 장씨에게 사형을 선고한다.
2015년 4월 9일	대구고등법원이 항소를 기각하고 사형을 유지한다.
8월 27일	대법원이 상고를 기각하고 사형을 확정한다.

덜미,
완전범죄는 없다 4

: 프로파일러의 세계

2022년 9월 12일 1판 2쇄 발행
2021년 7월 29일 1판 1쇄 발행

지은이 한국일보 경찰팀
펴낸이 임후성
디자인 Sangsoo 편집 김삼수
본문 사진 한국일보, 경찰청 및 각 지역 경찰청과 경찰서

펴낸곳 북콤마
등록 제406-2012-000090호
주소 (413-756) 경기도 파주시 문발동 파주출판단지 534-2 201호
전화 031-955-1650 팩스 0505-300-2750
이메일 bookcomma@naver.com
블로그 bookcomma.tistory.com

ISBN 979-11-87572-31-2   04300
     979-11-87572-14-5   (세트)

, BOOKcomma